그때 그
디자인

그때 그 디자인

포니, 호돌이와 함께
달리던 시절을 지나

박수호 지음

두성북스

그때 그 디자인을 돌아보며

디자인은 산업과 미술의 융합이다.

이 세상에 불변하는 것은 없다. 불변하는 것은 모든 것이 항상 변한다는 사실뿐이다.

햇빛에 바라면 역사가 되고, 달빛에 물들면 신화가 된다.

이런 명언들의 의미를 되새기면서, 오랜 세월 디자인 관련 미디어에서 일하며 겪은 경험과 남기고 싶은 한국 디자인 이야기를 글로 썼다.

오늘의 한국 디자인은 고도산업화를 거치면서 압축 성장, '잘생긴' 한국, '스마트 코리아' 시대를 맞이했다. 이 책에 바로 그 한국 디자인의 터닝 포인트, 에포크 메이킹이라 할 만한 사례들을 골라 담았다. 그 시절의 그 디자인을 돌아보며, 옛것을 본받아 새로운 것을 창조하는 법고창신法古創新과 옛것을 배워 새로운 것을 이해하는 온고지신溫故知新의 정신을 일깨우고 싶었다.

출판사와 두성종이, 그리고 아낌없이 자료를 협조해준 『월간디자인』에 감사의 인사를 전하며, 『그때 그 디자인』이 한국 디자인의 내일을 더 밝게 하는 데 조금이나마 도움이 되길 바란다.

박수호

차례

그때 그 책들 이야기

'디자인'이란 새로운 가능성

'변화'를 디자인하는 디자이너

오늘을 만든
어제의
디자인

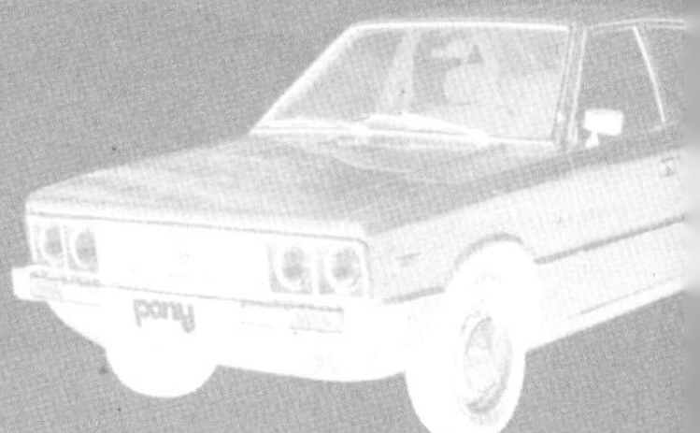
pony

한국 최초의
고유 모델 자동차

조랑말 '포니'의 탄생

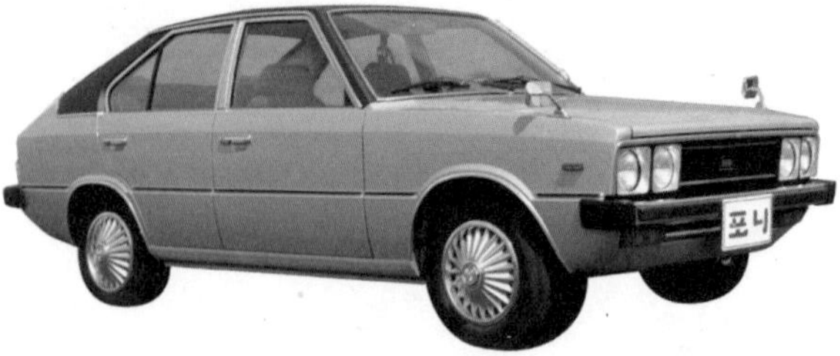

우리나라를 자동차 강국으로 성장하게 해준 첫걸음 '포니'.

"그래, 자동차 사업은 잘되고 있습니까?"

"이런 석유파동에 차가 팔리겠습니까? 그동안 신차를 개발해 수출하려고 준비 중이었는데, 2년 정도 미루기로 했습니다."

"자동차를 수출한다고요? 우리가 개발한 브랜드로 말입니까?"

"예. 그것도 미국 본토에 팔 생각입니다. 언제까지 남의 나라 차만 베낄 수는 없잖습니까? 이탈리아의 '이탈디자인Italdesign'에 맡겨 디자인과 설계는 다 끝냈고, 이름도 지어놓았습니다. '포니'라고요. 조랑말이란 뜻입니다."

"잘되길 바랍니다. 포니라, 포니, 조랑말이라고요?"

"네, 히히힝~!"

때는 1973년 말, 그해 10월에 터진 중동전쟁의 여파로 1차 오일쇼크가 몰아닥치면서 한국 경제는 심각한 위기에 처했다. 차량 운행 제한, 상업시설의 영업시간 단축, 네온사인 금지 등 할 수 있는 모든 에너지 절약 수단을 총동원하던 그 시절, 박정희 전 대통령과 고 정주영 현대그룹 회장은 아마 이런 대화를 나누었을 것이다.

그로부터 1~2년 후 우리나라는 중동 진출로 석유파동을 극복하고, 1975년 현대자동차에서 마침내 '포니'를 세상에 선보인다. 한국 최초의 고유 모델 자동차가 탄생한 것이다. 이는 국가적인 차원에서 이루어진 '장기자동차공업진흥계획'에 힘입은 바가 컸다. 자동차를 자체 개발, 생산한다는 것은 독자기술, 부품산업,

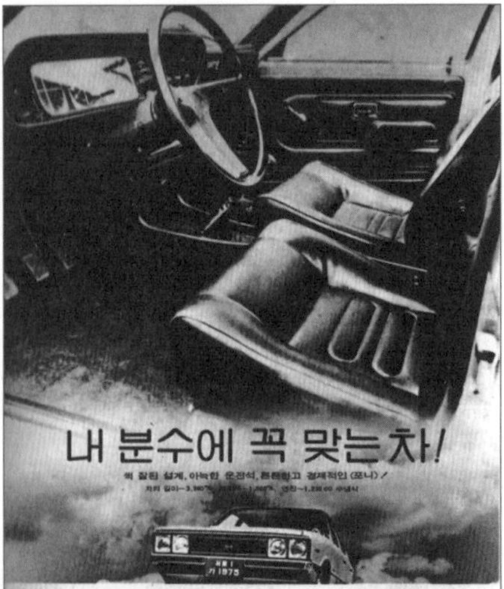

'내 분수에 꼭 맞는 차! 잘된 설계, 아늑한 운전석, 튼튼하고 경제적인 포니!'
멋도 있고 특히 실용적이라는 점을 강조한 포니 광고.

시장 등 산업 전반이 함께 발맞춰 발전해야 가능한 일이다. 당시 '시발' '브리사' 등의 자동차가 거리를 누비기는 했지만, 모두 외국에서 들여온 복제조립품이었다.

1967년 설립된 현대자동차는 1974년 울산에 자동차 생산 설비를 구축하고, 1975년 포니를 생산하기 시작했다. 포니는 출시되자마자 에콰도르에 다섯 대가 팔렸다. 시작과 동시에 수출길도 함께 연 것이다. 포니의 디자인과 차체 설계는 이탈디자인의 디자이너 조르제토 주지아로Giorgetto Giugiaro가 맡았다. 주지아로는 폭스바겐 1세대 '골프'를 비롯해 '페라리', '알파로메오' 등 수십 종의 명차를 디자인한 인물로, 70년대 당시엔 자동차 디자인계에서 한창 떠오르는 별이었다. 오늘날 유명한 자동차 디자이너 피터 슈라이어(현대기아차 디자인 총괄 사장), 발터 드 실바(폭스바겐그룹 총괄 디자이너) 등의 대선배격이라 할 수 있다.

포니를 계기로 우리나라는 아시아에서 일본에 이어 두 번째, 세계에서 열다섯 번째로 고유 모델 자동차를 생산한 국가로 기록되었다. 포니가 나오면서 한국의 자동차 시장은 비로소 디자인과 스타일링에도 관심을 기울이기 시작했다. 우리나라 1세대 자동차 디자이너라 할 수 있는 박종서(현대자동차 디자인 부장, 부사장 역임)는 1987년 12월 『월간디자인』 '올해의 인물'로 선정돼 인터뷰에서 이런 말을 했다.

현대자동차는 1967년 설립 당시 포드사와 기술 제휴를 맺고 있었지만, 그들의 자동차 생산기지에 불과했어요. 그들의 부품을 들여와 단순조립만 하는 공장이었죠. 그러다가 1975년에 이탈디자인의 주지아로에게 의뢰해 독자 모델 포니를 선보였습니다. 포니는 현대자동차로 하여금 조립생산에서 스타일링에 관심을 갖게 만든 획기적인 프로젝트였어요.

포니를 생산하기 전, 현대자동차의 스타일링, 설계, 기타 엔지니어링 기술의 수준은 매우 낙후되어 있었습니다. 독자적인 기업 노선, 고유 모델을 갖기를 희망했던 경영진은 이탈디자인 같은 곳에 디자인을 의뢰할 수밖에 없었지요. 어쨌든 포니를 생산하면서 현대자동차는 많은 노하우를 쌓았고, 무엇보다 디자인의 중요성을 인식하게 됐습니다. 그래서 디자이너를 고용해 엔지니어링 부서를 지원하게 했고, 포니 이후의 프로젝트를 진행하면서 디자인 부서의 필요성이 대두되어 점차 중요한 조직으로 성장했지요.

그에 따르면 포니의 디자인 용역비는 100만 달러였으며, 포니, 포니2에 이어 엑셀, 스텔라 등이 차례차례 출시돼 미국 시장에 진출했고, 외국 디자이너와의 협력을 통해 쌓은 경험은 국내 자동차 디자이너들이 본격적으로 활동을 시작하게 된 계기가 됐다고 한다.

"뛰어난 자동차는 아주 멋진 노래와 같다. 한 번 듣고 바로 이해되지 않을지 모르지만, 계속해서 듣다 보면 결국 어떤 음악이 더 조화롭게 느껴지는지 알 수 있다. 디자인 요소를 많이 넣는다고 반드시 좋은 것은 아니라는 것을, 음악을 많이 들어보면 저절로 깨닫게 될 것이다"라는 말을 남기기도 한 주지아로는 포니 개발 당시를 이렇게 회상했다.

> 40년 전 포니를 개발할 때 가장 인상 깊었던 것은 한국인 엔지니어들이었습니다. 현대자동차가 성공한 이유를 한마디로 말한다면, 40년 전부터 이어져온 현대자동차 사람들의 배움에 대한 갈구, 도전정신, 지칠 줄 모르는 열정 덕분이라고 생각합니다.

친구는 역시 옛 친구,
맥주는 역시 OB!

한국 최초의 CI

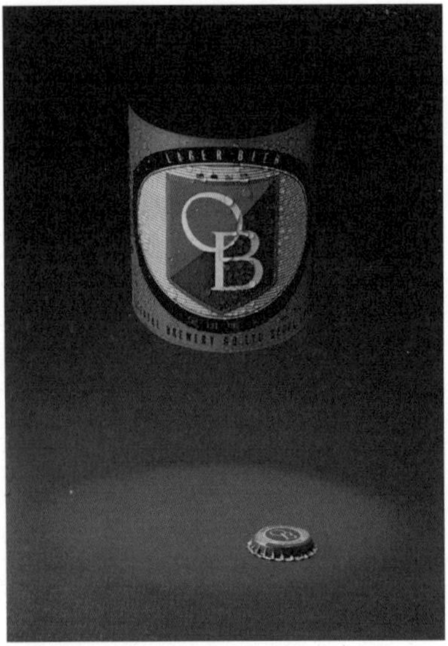

조영제, 민철홍 두 디자이너가 만든 오비의 엠블럼 디자인.

오비와 크라운이 맥주 시장을 양분하고 있던 1970년대 중반, 새로운 맥주 브랜드가 나타났다. "이제부터 이젠백"이란 강렬한 카피로 출사표를 던지며 등장한 이젠백 맥주였다. 이젠백은 오비의 아성을 넘보며 맥주 시장을 조금씩 잠식해갔다. 이에 맞서기 위해 오비는 새로운 슬로건을 내세웠다.

친구는 역시 옛 친구, 맥주는 역시 OB!

이젠백 맥주는 기존의 부드러운 독일식 맥주가 아니라 쓴맛이 강한 영국식 맥주였다. 우리 입맛에 낯설어서 그랬는지, 오비의 '옛 친구' 운운하는 광고에 밀린 것인지 알 수는 없지만 이젠백은 얼마 지나지 않아 시장에서 사라지고 말았다. 한때 엄청나게 회자됐던 이 광고 문구는 우리나라 최초의 광고대행사였던 '만보당萬報堂'에서 일하다가 이후 프리랜서로 활동했던 카피라이터 이인구가 만들었다.

당시 오비는 카피와 더불어 새로 디자인한 레이블도 선보였다. 그것은 우리나라 최초의 CI Corporate Identity였으며, 서울대 미대의 조영제 교수와 민철홍 교수의 합작품이었다. 처음에는 레이블 디자인에 국한된 작업이었으나, 레이블이 바뀌면서 여타 다른 시각매체들도 함께 수정해야 했고, 결국 CI 통합 작업으로 이어졌다고 한다. 앞뒤가 바뀌긴 했으나 기업에서 레이블 디자인을 바꾸려

한다는 것은, 기업 이미지와 상관된 아이덴티피케이션(동일화) 정립이 그 목적이다. 그래서 오비의 이 레이블 디자인이 우리나라 최초의 CI 작업으로 불리는 것이다.

이에 자극받아 크라운, 진로, 신세계백화점 등도 레이블 디자인을 바꾸는 등 그 영향은 매우 컸다. 이후 우리나라는 신세계, 제일모직 등 여러 기업들의 CI 개발을 시작으로 'CI 개발도상국'에 진입하여 오늘날에는 많은 CI 회사가 생겼다. 그들에 의해 기업 CI가 숱하게 만들어져 널리 쓰이는 'CI 중진국'에 이르렀고, 이제는 세계로 뻗어가는 'CI 선진국'으로 도약하고 있다. 오비의 그것이 씨앗이 되었음은 분명하다.

그처럼 1970년대는 한국 CI의 태동기였다. 당시 일본의 CI 분야는 산업의 발전 속도에 비례해 우리보다 꽤 앞서 있었는데, 대표적 CI 회사로 1968년 설립된 '파오스PAOS'를 꼽을 수 있다. 일본의 '펜타그램'(세계적으로 유명한 디자인 회사)이라고 불리기도 하는 파오스는 1968년 설립되었고, CoCoMasCorporate Communication as a Management Strategy라는 위원회를 조직, 세계의 CI 사례를 수집·분석해 새로운 CI 이론을 정립하려 했다. 이 과정에서 디자인 전략을 통해 기업의 체질 개선을 도모하는 작업을 가리키는 용어 DeCoMasDesign Coordination as a Management Strategy를 만들기도 했다. 뜻을 살펴보면 CI와 동의어라 할 수 있다. 덕분에 1970년대 우리나라에서는 CI라는 말보다 '데코마스'란 말이 더 널리 통용되었다.

파오스가 발간한 책자 『데코마스, 코코마스』는 1980년대 우리나라에서 CI를 공부하는 사람들 사이에서 교과서 역할을 했다. 그만큼 파오스의 영향이 컸던 것이다.

삼성의 '오벌 마크'와 엘지의 '미래의 얼굴'

글로벌 브랜드로의 첫걸음

1990년대, 우리나라 기업들은 글로벌 브랜드로 도약하기 위해 대거 CI 리뉴얼을 단행했다.

해외를 여행하다 보면 거리에서 글로벌 기업들의 간판을 보게 되는데, 그 가운데 삼성의 '오벌Oval 마크'와 엘지의 '미래의 얼굴'도 자주 눈에 띈다. "마누라와 자식 빼고 다 바꿔라." 이건희 회장이 했다는 이 유명한 말이 나온 '신경영선언'(1993)에 맞춰 발표된 삼성의 새로운 로고는, 강력하고 단일한 브랜드를 만들겠다는 의지를 담은 '싱글Single 삼성', 그리고 21세기 세계 초일류 기업으로 도약하겠다는 장기 경영 전략을 반영해 탄생한 것이다.

미국의 CI 전문회사 L&MLippincott & Margulies이 디자인한 삼성 로고는 우상향의 타원 형태로 희망찬 미래로의 비상을 표현하고, 처음 'S'와 마지막 'G'자 부분을 뚫어놓아 열린 태도로 세계와 소통하고자 하는 의지를 담아 완성됐다. 삼성은 1990년대 초반까지만 해도 수십 개의 계열사와 복잡한 사업구조 때문에 체계적인 기업 이미지를 구축하지 못하고 있었다. 로고도 한자로 된 '三星'이 있는가 하면, 주로 해외에서 쓰이던 세 개의 별 마크 등 여러 가지가 뒤섞여 있었다. 시대에 뒤처졌을 뿐만 아니라, 다양한 대상에 일관되게 적용하기엔 너무 복잡한 형태를 띠고 있는 로고들을 일제히 정리, '하나의 삼성'으로 통합하는 대대적인 CI 리뉴얼 작업이 필요한 시점이었다.

이제 삼성은 세계 기업들의 브랜드 자산 가치를 평가하는 브랜드 컨설팅 회사 인터브랜드가 매년 발표하는 '베스트 글로벌 브랜드 100' 리스트에서 늘 상위를 차지하는 거대 글로벌 기업으로 성장했다. 2012년 9위, 2013년 8위, 2014년 7위에 올랐다. 참고로 2012년 1위는 코카콜라, 2013년과 2014년 1위는 애플이다. 삼성의 전체 매출은 1993년에는 29조 원이던 것이 2012년에 이르러 380조 원으로 13배 늘어났고, 시가총액도 7조 6,000억 원에서 338조 원으로 44배나 증가했다.

삼성이 CI 리뉴얼을 단행한 1990년대 중반부터 한국 대기업들 사이에서 CI 리뉴얼이 유행처럼 번지기 시작했다. 선경, 두산, 금호, 신세계, 제일제당 등 수많은 기업들이 '글로벌'을 외치며 새로운 모습으로 다시 태어나려 애썼다. 이때 해외에서 쓰기에는 적합하지 않은 한국식 이름과 발음이 문제가 되자, 많은 기업들이 이름을 영문 이니셜만 따는 방식을 택했다. 선경은 SK, 제일제당은 CJ, 한국통신은 KT, 이런 식으로 말이다.

금성전자와 럭키화학이라는 강력한 브랜드를 갖고 있던 럭키금성도 1995년 럭키와 금성의 영문 이니셜을 따서 LG로 회사 이름을 변경하기에 이른다. CI 작업은 미국의 랜도 어소시에이츠Landor Associates가 맡았다. 그리하여 영문자 L, G와 함께 이른바 '미래의 얼굴'이라는 독특한 심벌을 결합한 로고가 탄생한다. L과 G 두 문자, 그리고 원형圓形의 점을 그래픽 요소로 활용한 이 심벌마크는 사람 얼굴 형상을 띠고 있다. 이는 '신라의 미소'라고 불리는 신라 시대의 '인면문원와당', 즉 사람얼굴무늬 수막새에서 영감을 얻었다고 한다.

CI 리뉴얼 작업이 한창이던 당시, 기업들은 대부분 외국의 디자인 회사를 선호했는데, 이에 대해 의견이 분분했다. 외국 디자인 회사에 작업을 맡길 경우 그 규모에 따라 다르기는 했지만 한국 디자인 회사에 의뢰할 때보다 비용이 열 배 정도 높았기 때문이다. 한국 디자인 회사들의 능력과 비교할 때 지출이 과하다는 지적이 나올 수밖에 없었다. 디자인 포커스, 인피니트, 올 커뮤니케이션, CDR, 디자인파크, 심팩트 등 한국에도 활발하게 활동하는 디자인 회사들이 많았다. 하지만 기업들은 "CI는 세계화를 지향해야 하기 때문에 전 세계를 커버하는 정보력과 노하우를 가진 외국 회사들과 일할 수밖에 없다"는 태도를 쉽사리 바꾸지 않았다.

LG의 심벌마크 디자인을 작업했던 랜도 어소시에이츠에 얽힌 재미난 에피소드 하나가 있다. 1953년 잡지 『아이디어』를 창간하고, 이후 수많은 책을 내며 일본 그래픽 디자인계에서 선구자 역할을 했던 오치 히로시라는 디자이너가 있다. 그가 1960년대 초에 랜도 어소시에이츠를 탐방하고 돌아와서 이렇게 말했다고 한다.

"미국에는 대형 유람선을 소유한 디자이너도 있더라."

그의 이 말은 당시 패전 후 어려운 상황에서 극복과 도전에 박차를 가하던 일본 디자인계에 큰 충격과 희망을 안겨주었을 것이다.

그러나 오치가 유람선이라고 표현했던 그 선박은 오래되어 선박으로서의 기능을 상실한 페리보트로, 랜도 어소시에이츠의 디자인 사무소였다고 한다.

지하교통 시대의 서막을 열다

서울특별시지하철공사 CI

서울특별시지하철공사
Seoul Metropolitan Subway Corporation

디자이너 김교만이 작업한 서울지하철 CI.

1970년대 초, 서울 종로 거리는 어지럽기 짝이 없었다. 지하철 공사가 한창이었기 때문이다. 종로를 가로지르는 도로를 파고 내려가 그 아래에서 공사가 진행되었고, 임시로 덮은 철판 위를 자동차들이 덜커덩거리며 느릿느릿 달렸다. 당시 지하철 건설은 '터널식 공법'이 아니라 지상에서 지하로 파고 내려가 파일Pile을 박고 공사하는 '개착식 공법'을 택했기 때문이다. 개착식은 교통 혼잡 등 불편한 점이 많지만, 터널식보다 공사비가 덜 들고 공사 기간도 짧은 장점이 있었다.

그 무렵, 나는 친구의 소개로 동숭동에 있던 서울대 미대 김교만 교수의 자택을 방문한 적이 있다. 아담한 한옥이었다. 김 교수는 그때 서울지하철의 CI 작업을 준비하며, 런던과 뉴욕 등 외국의 지하철 관련 자료를 수집하던 중이었다. 그는 당시 대학생이었던 내게 그 자료의 번역을 맡겼고, 이것이 인연이 되어 1980년에 발간된 김 교수의 일러스트레이션 작품집 『한국의 가락』에 들어간 운문을 내가 쓰기도 했다.

이윽고 완성된 서울지하철 CI 로고는 지하철을 뜻하는 영단어 'Subway'의 이니셜 S를 따와 세 줄의 형태를 띠고 있었다. 3S는 Safety(안전), Speed(신속), Satisfy(쾌적)를 의미한다. 지하철역의 매표소와 승강장은 회색으로, 출구는 노란색으로 통일하는 색채계획 등 종합적인 아이덴티티 작업도 이어졌다.

지하교통 시대의 서막이요 도시교통의 새로운 전환점이었

던 서울지하철은 1974년 8월 15일 광복절에 개통됐다. 우리나라 최초의 지하철이 탄생한 역사적인 순간이었다. '서울역-남대문-광화문-종로-청계천변-청량리'를 잇는 노선의 총길이는 7.8킬로미터였다. 서울지하철은 우리나라의 경제 발전과 근대화의 상징처럼 여겨지며 곧 서울의 명물로 자리 잡았다. 역으로 내려가는 입구에서는 김교만 교수가 디자인한 로고가 우뚝 서서 시민들에게 손짓을 했다. 그는 훗날 서울지하철 3, 4호선의 전체 디자인 작업도 맡아 했다.

우리 디자이너들은 잠자고 있는가?

식탁용 가위 디자인 캠페인

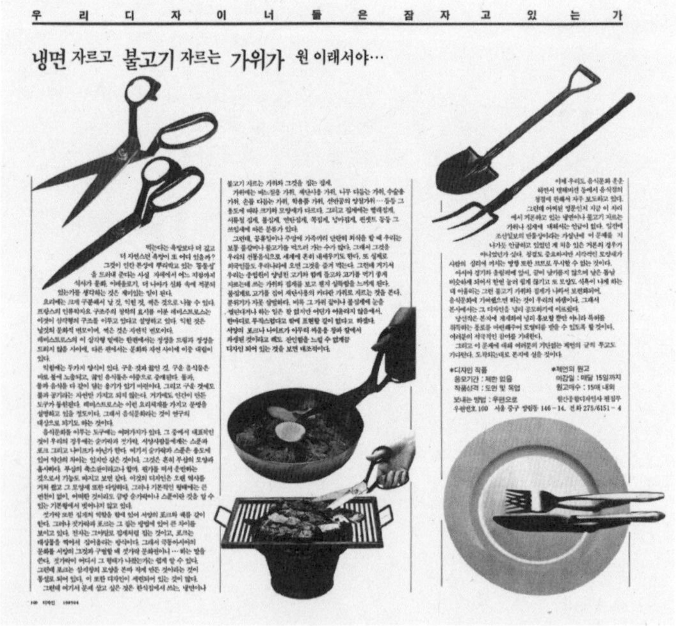
우 리 디 자 이 너 들 은 잠 자 고 있 는 가

냉면 자르고 불고기 자르는 가위가 원 이래서야…

『월간디자인』에서 시작한 식탁용 가위 디자인 캠페인 관련 기사(1985년 4월호).

1980년대 중산층이 늘어나면서, 주말이면 가족들끼리 단란하게 외식을 즐기는 사람들이 많아졌다. 가장 인기 높은 메뉴는 역시 불고기나 갈비였다. 그런데 식당에 가면 종업원이 고기를 자르기 위해 가위나 집게를 가져왔는데, 그 모습이 처음에는 낯설고 종종 섬뜩하기도 했다. 숯불을 집는 부집게로 고기를 들고 재단사들이 쓰는 가위로 자르는 모습은 자못 살풍경했다. 서양의 나이프나 포크는, 칼과 창을 본떠 만든 것이긴 해도 전쟁의 잔인함을 느끼지 않도록 모양새가 다듬어져 있다. 식사를 할 때 포크나 나이프를 든 채 손짓을 하는 것은 테이블 에티켓에도 어긋나는데, 더욱이 식당에서 종업원이 눈앞에서 가위나 집게를 휘둘러대면 순간적으로 움찔하게 마련이다.

TV에서는 녹슨 재단용 가위로 고기나 냉면을 자르는 모습을 고발하는 프로그램이 방영되기도 했다. 한창 불고기나 갈비를 한국 대표 음식으로 내세우던 때라 식탁용 가위나 집게를 새로 만들어야 한다는 논의가 시작됐다. 끝이 날카롭지 않아야 하며, 단번에 고기가 잘 잘리는 가위와 집게가 필요하다고들 의견을 모았다. 누구든 그런 가위와 집게를 고안해 특허를 낸다면 돈도 벌고 음식문화 발전에도 기여할 것이라고도 했다.

그런 시점에서 『월간디자인』(당시는 『월간종합디자인』)이 캠페인에 나섰다. "우리 디자이너들은 잠자고 있는가"라는 도발적인 헤드라인을 걸고 '냉면 자르고 불고기 자르는 가위가 웬 이래서

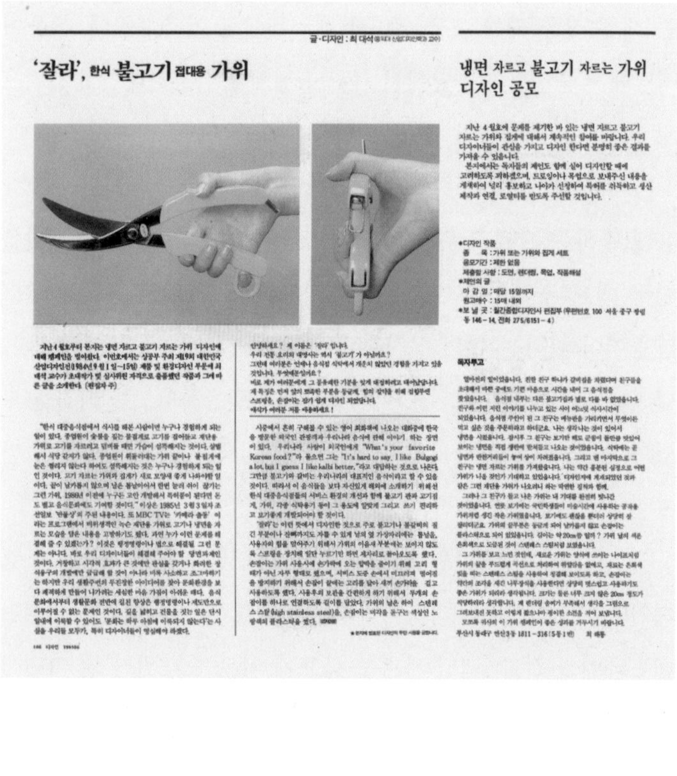

글·디자인 : 최 대석

'잘라', 한식 불고기 접대용 가위

지난 4월호부터 본지는 냉면 자르고 불고기 자르는 가위 디자인에 대해 캠페인을 벌여왔다. 이번호에서는 상공부 주최 제19회 대한민국 산업디자인전(1984년 9월 1일~15일) 제품 및 환경디자인 부문에 최대석 교수가 초대작가 및 심사위원 자격으로 출품했던 작품과 그에 따른 글을 소개한다. (편집자 주)

냉면 자르고 불고기 자르는 가위 디자인 공모

지난 4월호에 문제를 제기한 바 있는 냉면 자르고 불고기 자르는 가위와 집게에 대해서 계속적인 참여를 바랍니다. 우리 디자이너들이 관심을 가지고 디자인 한다면 분명히 좋은 결과를 가져올 수 있읍니다.

본지에서는 독자들의 제언도 함께 실어 디자인할 때에 고려하도록 꾀하겠으며, 드로잉이나 목업으로 보내주신 내용을 게재하여 널리 홍보하고 나아가 신청하여 특허를 취득하고 생산 제작과 연결, 로열티를 받도록 주선할 것입니다.

●디자인 작품
종　　목 : 가위 또는 가위와 집게 세트
응모기간 : 제한 없음
제출할 사항 : 도면, 렌더링, 목업, 작품해설
●제언의 글
마 감 일 : 매달 15일까지
원고매수 : 15매 내외
●보 낼 곳 : 월간종합디자인사 편집부 (우편번호 100 서울 중구 쌍림동 146-14, 전화 275/6151-4)

독자투고

1985년 4월부터 시작된 『월간디자인』의 식탁용 가위 디자인 캠페인은 큰 호응을 얻었다.

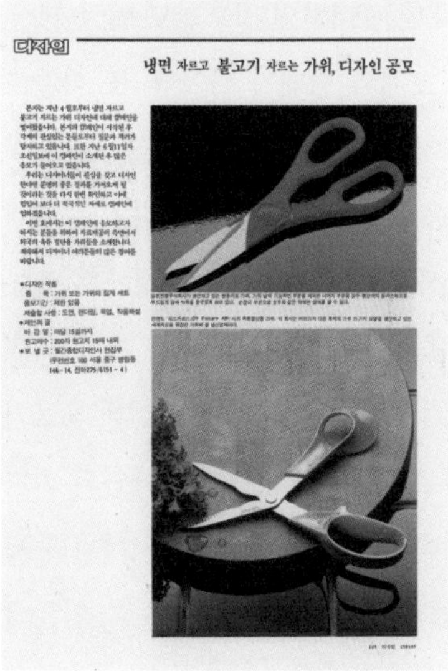

디자인

냉면 자르고 불고기 자르는 가위, 디자인 공모

●디자인 작품
종 목 : 가위 또는 가위와 집게 세트
응모기간 : 제한 없음
제출할 사항 : 도면, 렌더링, 목업, 작품해설
●제안의 글
마 감 일 : 매달 15일까지
원고매수 : 200자 원고지 15매 내외
●보 낼 곳 : 월간종합디자인사 편집부
(우편번호 100 서울 중구 ○○동 146-14, 전화275/6151-4)

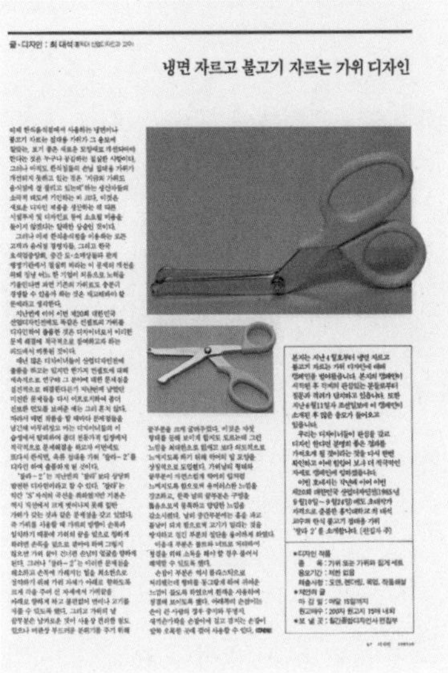

글·디자인 : 최 대석

냉면 자르고 불고기 자르는 가위 디자인

특허 등록된 불고기용 스테인레스 가위

글 : 이 두순(경동이기 대표)
디자인 : 이 두순, 장 호순(경동이기 근무)

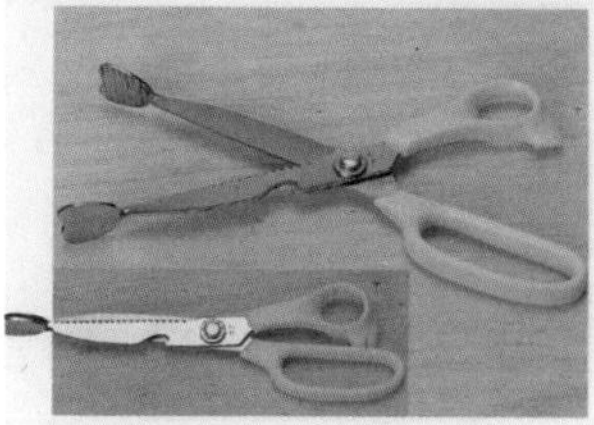

평소 식생활 문화에 많은 관심을 갖고 있던 터, 지난 1985년 1월중 재단용 가위를 한식점에서 손님 접대용으로 사용하여 뾰죽한 앞부분이 고객들에게 혐오감을 준다고 지적한 조선일보 '만물상'의 기사를 읽고 공감한 바 있어 본 제품의 개발에 착수하였다.

막상 일을 시작하고 보니 '평소 공포감을 주던 예리한 앞 부분을 어떻게 미화시킬 것인가' 하는 것과 '기능면에서 좀더 다양한 가위를 만들 수는 없을까' 라는 어려운 문제에 봉착하게 되었다. 고심끝에 여기에 역점을 두어 마침내 물체를 자른다는 1차적 기능은 물론 고기를 집어서 뒤집거나 병마개를 딸 수도 있는, 편리하고 미려한 가위를 개발하게 되었다.

1985년 3월초에 실용신안 특허를 출원하여 제3510호 '불고기용 스테인레스 가위'로 등록된 이 가위는 일명 '불가위'로 불리우고 있으며 다음과 같은 네가지 특징을 갖고 있다.

첫째는 고기집게(meat tongs) 부분으로, 지렛대의 원리로 물체를 자르고 집어서 뒤집을 때도 사용하게 되어 있어 힘이 덜 들도록 하였다.

둘째는 톱날(saw blade) 부분으로, 가위 날의 선은 살려주면서 윗부분에 톱날을 두어 고기를 자를 때 고기가 가위 앞부분으로 밀려나는 것을 최소한으로 줄이고자 하였다.

셋째는 병따개(opener) 부분으로, 가위질을 하는 자세로도 편리하게 병뚜껑을 딸 수 있도록 가위날 한쪽 등부분이 오프너의 역할을 하도록 하였다.

넷째는 손잡이(handle) 부분으로, 특수 합성수지로 만들어 하중이 가벼워 사용시 피로감을 적게 느끼도록 하였으며 외관이 미려하고 견고하다.

또 다른 특징으로는 전체적인 가위날의 경도가 45~48도 이상으로 유지되도록 스테인레스판(402레이조)을 프레스 공법으로 절단한 뒤 1200℃이상의 높은 열처리 가공을 하여 뜨거운 물체나 하중이 무거운 물체를 다룰 때 높은 강도로 사용의 안정감을 최대한 높여 준다.

그러나 한가지 아쉽게 생각하는 점은 집게 부분이 하트모양의 둥글고 납작한 면으로 되어 있어 냉면이나 김치를 자를 때 그릇에 담긴 채 자르지 못하고 집게의 높이 만큼 들어서 잘라야 하는 등 약간의 부담을 준다는 점이다.

이 '불가위'는 1985년 11월부터 '경동이기'에서 하루 500개 정도를 생산하고 있으며 소매표준가격은 3,500원 정도이다. 디자인야……'라는 개탄의 목소리를 내면서 디자인 공모전도 열었다.

부엌칼은 푸줏간의 것과 크기와 형태가 다르다. 또 식칼로 과일을 깎지는 않는다. 과일 크기에 알맞은 과도가 따로 있다. 이렇듯 기능은 같아도 물건은 그 용도에 따라 모양이 달라질 수밖에 없다. 가위도 마찬가지다. 재단사용 가위가 있고, 가정에서 쓰는 바느질용 가위가 있으며, 학용품 가위, 선반공의 양철 가위, 의료용 가위 등등 쓰임새에 따라 제각기 형태가 다르다. 그런데 불고기와 냉면을 자르는 가위는 왜 다르지 않나? 이것이 캠페인의 취지였다. 1985년 4월부터 펼친 그 캠페인은 디자인계뿐만 아니라 세간에서도 화제였다. 많은 사람들의 관심과 흥미를 끌었고, 언론에서도 이 캠페인 소식을 제법 크게 다뤘다.

> 『월간종합디자인』(발행인 이영혜)은 4월호부터 냉면을 자르고, 불고기를 자르는 가위 디자인 캠페인을 벌이기 시작, 6월호에 최대석 씨(홍익대 산업디자인과 교수)가 고안한 한식 불고기 접대용 가위 '잘라' 디자인을 소개하고, 일반 대상의 음식용 가위 디자인 공모도 벌여 눈길을 끌고 있다.
>
> —『조선일보』, 1985년 6월 11일자 기사 중에서

이 캠페인은 거창하고 시각적 효과가 큰 디자인도 중요하지만, 자칫 놓치기 쉬운 사소한 생활 속 디자인도 못지않게 중요하다는 각

성을 불러일으켰다. 또한 작지만 치밀한 아이디어로 생활 환경을 쾌적하게 변화시키려는 태도가 신선하다는 반응도 많았다.

문화란, 일상이란, 하루아침에 변하거나 새로워지지 않는다. 별것 아닌 것처럼 보여도 아이디어의 샘물들이 모여야 큰 강을 이룰 수 있다. 때로는 아주 작은 아이디어 하나가 세상을 바꿀 수도 있다. 생활 속의 아이디어 발견. 바로 그것이 이 디자인 캠페인이 품고 있던 철학이었다. 그런 발견이 곧 디자인의 발견과 발명으로 이어질 테니 말이다.

손에 손 잡고, 벽을 넘어서

서울올림픽과 디자인 1: 휘장과 마스코트

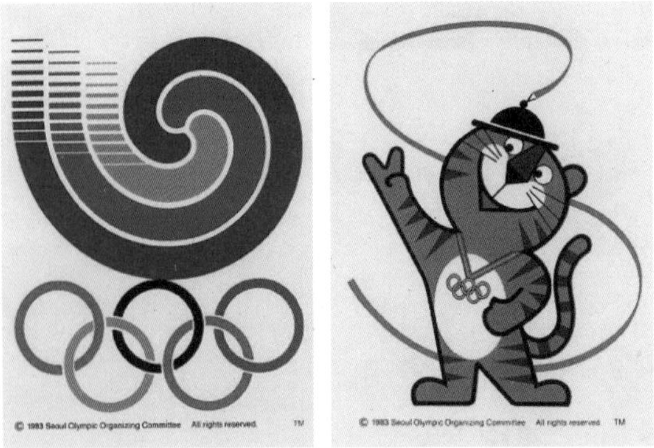

1988년 서울올림픽의 삼태극 휘장과 마스코트 호돌이.

1981년 독일의 휴양도시 바덴바덴의 IOC총회장, 사마란치 위원장이 단상에 올랐다. 수많은 사람들의 이목이 집중된 순간, 그가 어눌한 발음으로 외쳤다.

"세울!"

우리 올림픽유치단과 더불어 TV를 지켜보던 온 국민이 환호했던 그 장면은 지금도 기억에 생생하다. 서울이 1988년 하계올림픽 개최지로 결정되던 역사적 순간이었다.

감동과 환희에 이어 우리 사회에 '올림픽 열풍'이 불어닥쳤다. 이른바 '올림픽 특수特需' 시대를 맞이한 것이다. '조용한 아침의 나라', '동방의 등불' 한국을 전 세계에 알리고 사회, 경제, 문화 등 사회 전반의 발전을 한 세대 앞당길 수 있는, 그야말로 하늘이 선물한 절호의 기회라고 모두 들떠 있었다. 일찍부터 우리나라의 올림픽 개최를 고대해왔던 디자인계도 예외가 아니었다. 올림픽을 위한 디자인은 규모가 큰, 즉 '그랜드 스케일 디자인' 프로젝트이기에 우리 디자인이 한 차원 더 발전할 계기가 될 것이라는 기대가 컸다.

곧 서울올림픽조직위원회 산하에 서울올림픽의 시각 이미지 작업을 총괄하는 디자인전문위원회(위원장 조영제)가 구성됐다. 올림픽의 얼굴이며 시각 이미지의 핵이라 할 수 있는 엠블럼,

즉 휘장과 마스코트, 그리고 포스터, 픽토그램, 환경 디자인 등의 시각화 작업이 진행됐다. 전 국민을 대상으로 휘장 현상공모에 들어갔다. 출품작 가운데 21점을 뽑아, 2차 심사를 거친 결과 당선작은 없고 정준, 황부용 두 디자이너의 작품이 가작으로 선정됐다. 이후 가작 당선자 두 명을 포함한 열 명의 현역 디자이너(김교만, 양호일, 양승춘, 안정언, 권명광, 구동조, 윤호섭, 나재오, 정준, 황부용)에게 1인 2점 이상의 작품을 제출하게 하는 지명공모에 들어갔다. 이들이 제출한 26점의 작품을 심사하여, 양승춘(1위), 양호일(2위), 정준(3위)의 작품 3점이 선후보작으로 추천됐다. 최종적으로 한국의 전통문양 '삼태극'을 모티프로 한 양승춘의 작품이 일부 수정할 것을 조건으로 채택됐으며, 후에 수정·보완하여 공식 휘장으로 확정됐다.

올림픽 휘장은 1964년 도쿄올림픽 때부터 시행, 1968년 멕시코시티, 1972년 뮌헨, 1976년 몬트리올, 1980년 모스크바, 1984년 로스앤젤레스를 거치는 동안 그 대회의 이미지를 시각적으로 드러내는 대표적 상징물로 자리 잡았다. 1988년 서울올림픽 휘장은 다이내믹한 삼태극 문양을 상단에, '올림픽 링'을 하단에 배치한 디자인으로 완성됐다. 올림픽 헌장 제6조 '올림픽 휘장은 올림픽 링과 다른 특수한 표식의 결합으로 구성한다'는 조항을 따른 것이다. 올림픽 링, 즉 오륜 마크는 1912년 근대 올림픽의 창시자 쿠베르탱이 고안한 것으로 다섯 개의 원은 5대륙을 상징한다. 올림픽이 상업화되면서 이 오륜 마크는 스포츠 세계에서 상상을 초월하는 브랜드 가치를 갖고 있는 것으로 평가된다.

서울올림픽 휘장을 디자인한 디자이너 양승춘(당시 서울대 교수)은 수많은 아이디어 스케치를 하면서 가장 중점을 두었던 부분은 우리에게 익숙하면서도 올림픽을 상징할 수 있는 시각적 요소를 찾는 것이었다고 말했다. 고심 끝에 예로부터 부채(태극선)를 비롯해 한옥의 대문, 공예품, 민예품 등에 널리 쓰였던 태극 문양에서 실마리를 얻었고, '보기 좋고, 이해하기 쉽고, 뜻이 좋으며 무엇보다 조형적으로 세계적인 수준에 달할 것', 이 네 가지를 원칙으로 삼아 형상화 작업을 했다고 한다.

서울올림픽 휘장의 삼태극 문양은 다이내믹한 운동성을 지니고 있다. 구심운동과 원심운동이 그것이다. 안으로 쏠리는 구심운동은 세계인이 서울로 모여드는 올림픽 축제의 '화합'을, 바깥으로 향한 원심운동은 올림픽의 이상향인 세계 평화로의 '전진'을 나타낸다.

휘장과 더불어 마스코트로는 무엇이 좋을지 국민공모를 붙인 결과 '호랑이'로 확정됐다. 우리의 옛 민담이나 설화에 종종 등장하는 호랑이는 대부분 기운이 웅혼하고 씩씩한 존재로 그려진다. '호랑이 담배 피우던 시절'이라는 말이 있을 정도로 우리에겐 친근한 동물이기도 했다. 그 호랑이를 어떻게 형상화할 것인지가 과제였다. 올림픽조직위원회는 디자인전문위원회 추천으로 현역

작가 일곱 명(신용태, 정연종, 홍종일, 김현, 현용순, 광고회사 오리콤, 신동우)을 지명, 각기 두 점 이상 출품하게 했다. 출품작 가운데 심사위원 열네 명의 심사와 투표를 거쳐 열두 표를 얻은 김현의 작품이 눈, 코, 꼬리 등을 수정한다는 조건으로 선정됐다.

당시 대우그룹 기획조정실 제작부 과장으로 일하고 있던 김현은 "석 달 동안 350여 장에 달하는 습작을 했는데, 호랑이를 귀엽게 표현하는 것, 특히 '한국의 호랑이'를 이미지화하는 것이 가장 어려웠다"고 말했다. 그는 '한국의 호랑이'를 귀엽고 친근한 아기호랑이로 표현하고, 농악에서 상모를 돌리는 모습에 착안, 'Seoul'의 첫 글자 'S'를 부드러운 곡선으로 처리했다. 갓 태어난 아기호랑이 마스코트의 이름은 전국공모를 통해 정해졌다. 서울올림픽의 마스코트 '호돌이'는 이렇게 탄생했다.

이후 CI 전문회사 '디자인 파크'를 설립한 김현은 곧 호돌이 응용형 개발에 착수, 60여 가지에 달하는 동작을 제작했다. 이어서 좀 더 추가, 최종 70여 가지의 동작을 완성했다. 이는 로스앤젤레스올림픽의 마스코트인 독수리 '샘'의 응용형(35종)보다 두 배나 많았으며, 그중 7종의 민속 주제와 19종의 문자 디자인은 호돌이만의 독특한 특징이었다.

올림픽에 마스코트가 처음 등장한 것은 1972년 뮌헨 대회(강아지 '발디')부터였다. 이후 1976년 몬트리올올림픽의 물개 '아미크', 1980년 모스크바올림픽의 곰 '미샤' 등으로 이어졌다.

삼태극 휘장과 마스코트 호돌이가 휘날리는 가운데 세계의 젊은이들은 '손에 손 잡고' 세계 평화를 노래했다. 이념 문제로 반토막 대회로 전락했던 모스크바와 로스앤젤레스 때와는 달리 1988년 서울에선 빙글빙글 평화의 원무를 추었다. 서울올림픽엔 북한과 쿠바만 제외하고 중국과 소련을 비롯해 모든 공산권 국가들이 참가했다.

건축가 김수근이 조선백자를 모티프 삼아 설계하여 곡선 형태의 지붕이 아름다운 스타디움에서 '벽을 넘어서Breaking down the wall'라는 주제로 개막식이 열렸고, 이는 전 세계에 생중계되어 깊은 인상을 남겼다. 1989년 11월, 동서냉전의 상징이었던 베를린 장벽이 무너지는 현장에서 서울올림픽 주제가 '손에 손 잡고'가 울려 퍼지기도 했다. 서울올림픽은 역대 대회 중 가장 성공적이었다는 평가를 받았을 뿐만 아니라, 디자인을 포함한 우리 사회 전반을 몇 단계 더 빠르게 성장하게 해준 견인차였다.

세계는 서울로,
서울은 세계로

서울올림픽과 디자인 2: 픽토그램과 포스터

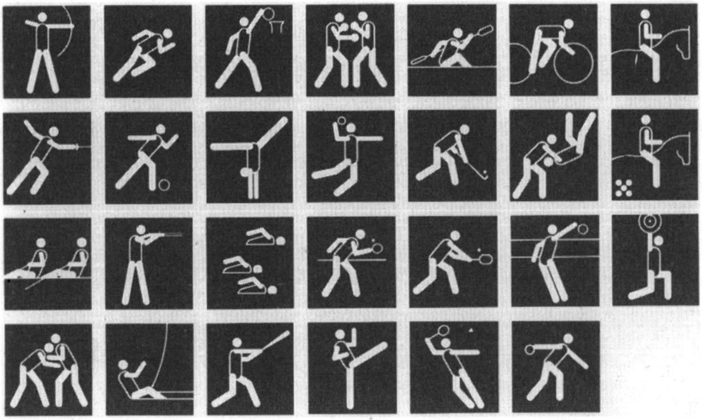

한국 디자인 발전의 터닝 포인트였던 서울올림픽의 스포츠 픽토그램.

서울올림픽은 한국 디자인 발전의 터닝 포인트였다. 휘장, 마스코트, 픽토그램, 포스터 등 올림픽이라는 대형 이벤트의 시각 자료들은 인류사의 한 페이지에 길이 전해질 문화유산으로 쌓인다. 휘장과 마스코트에 이어 이번에는 서울올림픽의 픽토그램, 포스터 등을 살펴보자.

픽토그램은 입으로 말하고 귀로 듣는 단계를 거치지 않고, 눈으로 보기만 해도 단박에 이해할 수 있는 그림문자를 말한다. 전 세계에서 선수단, 보도진, 관광객이 모여드는 올림픽에는 언어에 구애받지 않고 이해할 수 있는 공통 시각언어, 즉 픽토그램이 반드시 필요하다. 올림픽의 공식 픽토그램은 '스포츠 픽토그램'과 '안내 픽토그램' 두 가지로 나뉜다. 전자는 각 경기의 동작을 그림문자로 표현한 것으로, 경기장 내외부 장식 등 여러 용도로 쓰인다. 후자는 편의시설을 비롯한 각종 서비스 관련 정보를 한눈에 들어오도록 표현한 것으로, 주로 표지판 등에 사용된다.

서울올림픽 공식 픽토그램은 처음에는 다섯 명의 디자이너를 지명, 경선을 했으나 당선작이 나오지 않았다. 결국 조직위에서 자체 제작하기로 하고, 황부용(조직위 디자인 실장)을 중심으로 김진용, 송기영, 김승진이 팀을 이뤄 작업에 들어갔다. 이들은 서울아시안게임(1986)의 픽토그램도 제작했었는데, 반응이 좋아 서울올림픽에도 그대로 사용할 수 있을지 검토하기도 했다. 그러나 1972년 몬트리올올림픽의 스포츠 픽토그램 판권을 소유한 캐나

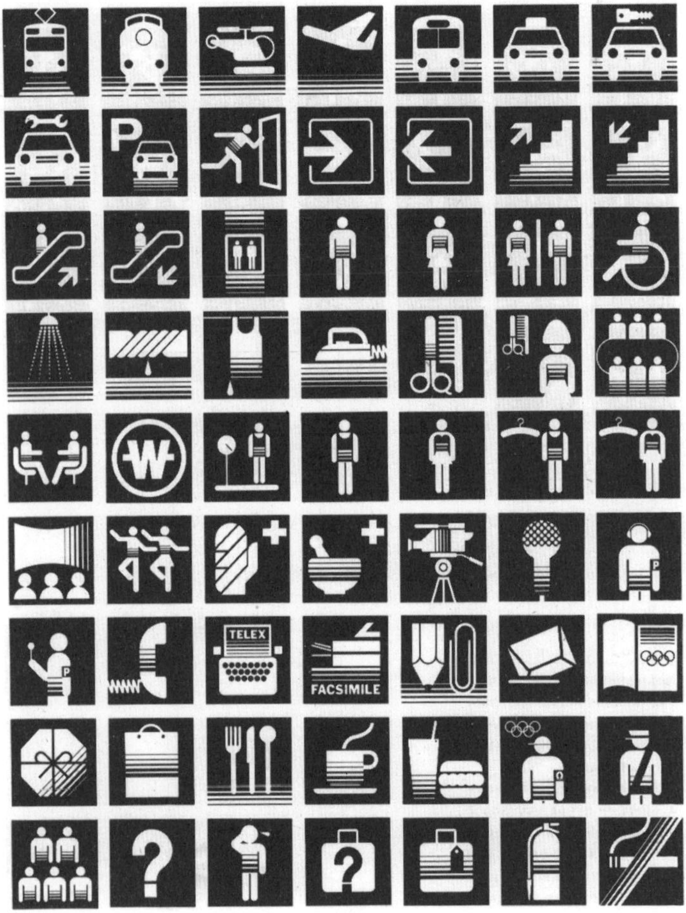

서울올림픽의 안내 픽토그램은 1986년 서울아시안게임의 것을 그대로 사용했다.

다 올림픽조직위가 서울아시안게임의 스포츠 픽토그램 중 일부가 자신들의 것과 흡사하다고 항의를 해 새로 디자인해야만 했다. 서울아시안게임의 스포츠 픽토그램은 조형성에 주안점을 두었던 것에 비해, 새로 만든 서울올림픽의 그것은 가독성과 율동성 등 종합적 요소를 고려한 독창성이 돋보인다. 안내 픽토그램은 서울아시안게임의 것을 그대로 사용했다.

포스터는 서울올림픽의 이념이었던 '화합과 전진'을 표상하는 동시에 친근함을 부각시키는 콘셉트로 디자인되었다. '스포츠를 통한 인류 화합'이라는 올림픽 정신은 오륜으로 상징하고, 그것을 환상적인 그라데이션으로 형상화하여 올림픽의 이상理想이 온 누리에 퍼지게 한다는 의미를 표현했다. 성화 주자는 행복과 번영이라는 인류의 염원을 향한 끝없는 '전진'을 상징하며, 최신 기법을 적용시킨다는 의미로 컴퓨터 그래픽을 사용했다.

서울올림픽 포스터는 조영제 교수가 디렉팅을 하고, 제판에 능통한 디자이너 조종현, 일본의 컴퓨터 그래픽 디자이너 겐다 에쓰오原田悅夫가 팀원으로 참여했고, 성화 주자는 사진가 유영우가 촬영했다. 성화 주자는 체육관에서 찍은 1차 결과가 좋지 않아 스튜디오에서 재촬영을 했으며, 성화의 불꽃 부분, 운동감이 느껴지는 발 부분 등은 오륜과 몽타주하면서 일부 수정했다. 이 과정에서 한국 광양사의 토털 컴퓨터 스캐너인 '리스폰스 310' 시스템이 사용됐다.

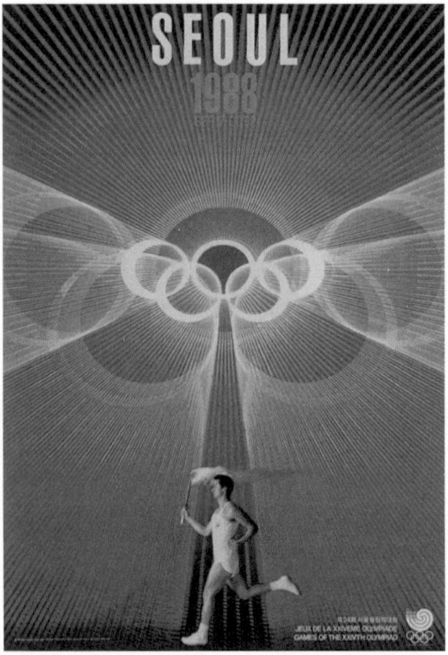

'화합과 전진'을 표현한 서울올림픽 포스터.
당시로서는 최신 기법이었던 컴퓨터 그래픽을 적용했다.

공식 포스터 외에도 국내외 수많은 작가들이 참가한 스포츠 포스터, 문화 포스터, 행사 포스터, 아트 포스터 등도 제작됐다. 서울올림픽 환경 디자인의 마스터플랜을 세운 한도룡 교수(홍익대), 유니폼을 디자인한 패션 디자이너 배천범 교수(이화여대)도 서울올림픽을 빛내는 데 큰 역할을 했다.

'세계는 서울로, 서울은 세계로'라는 캐치프레이즈 아래 1988년 가을에 펼쳐진 서울올림픽에는 소련 및 동유럽 공산권 국가들이 모두 참가했다. 덕분에 1976년 몬트리올올림픽 이후 12년 만에 동서 구별 없이 모두 참여한 온전한 올림픽이 될 수 있었다. 선수들은 청명한 서울 하늘 아래에서 '더 빨리, 더 높이, 더 힘차게' 각자의 기량을 겨루었다.

그때
그 책들
이야기

그래픽 디자인의
역사
A HISTORY OF
GRAPHIC DESIGN
미래의 경쟁
디자인에 달려있다

디자이너가 쓴 영어책, 베스트셀러가 되다

한호림의 『꼬리에 꼬리를 무는 영어』

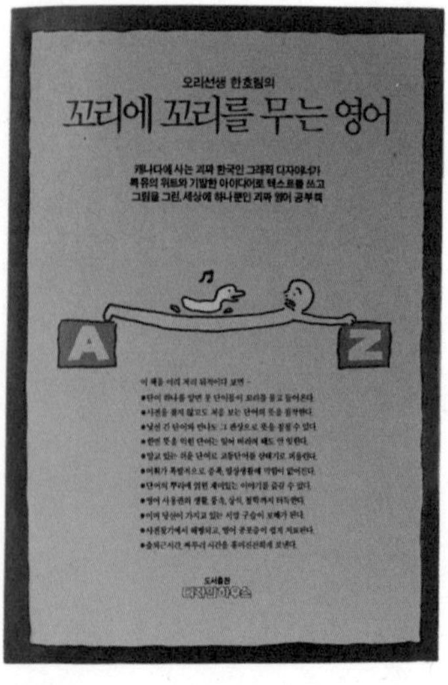

1990년대 전국적인 열풍을 일으켰던 『꼬리에 꼬리를 무는 영어』.

1991년 어느 날, 캐나다에 살던 디자이너 한호림 씨가 너덜너덜한 원고 뭉치를 잔뜩 들고 회사로 찾아왔다. 원고를 하나하나 살펴보니, 아! 놀라웠다. 이것은 그리드를 완전히 무시한 화판 작업이 아닌가. 명색이 그래픽 디자이너가 이럴 수가! 그런데 이상하게도 그 '탈 그리드' 레이아웃이 신선하게 다가왔다. 그만큼 개성적이고 매력적이었던 것이다. 한마디로 파격적인 시도였다.

"우리 이 책 베스트셀러로 만들어봅시다."

"네?"

거두절미하고 이렇게 말하자, 그는 의아한 눈빛으로 반문했다. 출간하는 것만으로도 언감생심이라고 생각했던 모양이다. 그러면서 혹시나 하는 기대감도 숨기지 않았다.

"단, 제목을 바꿉시다."

한 작가가 붙인 제목은 '옴니 잉글리시Omni English'('갖가지의 모든 영어'라는 뜻)였다. 단번에 시선을 끄는 소구점이 없던 제목을 회의와 논의를 거쳐 '꼬리에 꼬리를 무는 영어'로 변경했다. 부제는 '오리 선생 한호림의 괴짜 영어책'이라 달았다. 당시 그의 오리 그림이 꽤 유명했기 때문이다.

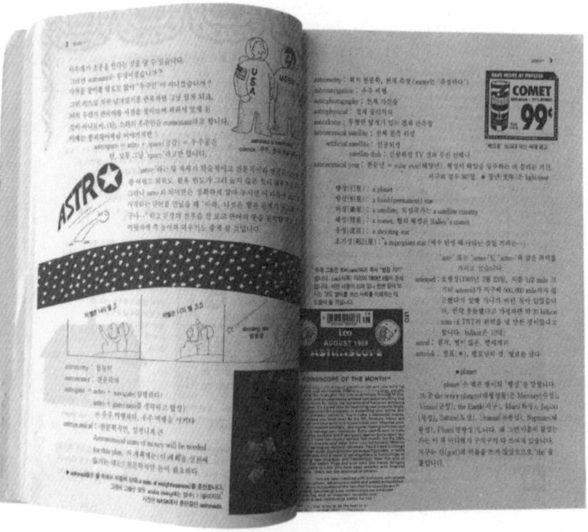

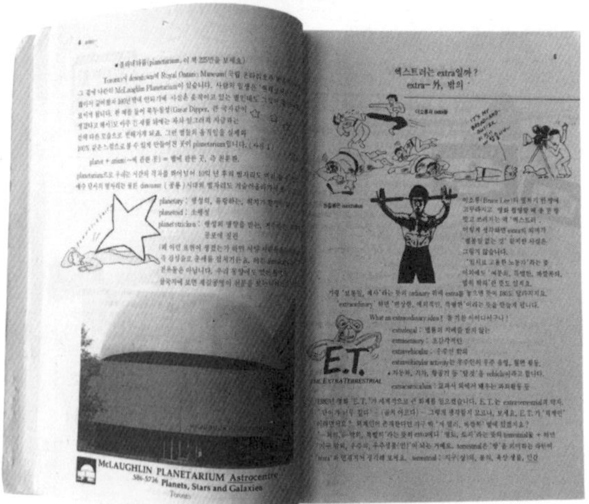

'탈 그리드' 레이아웃이 오히려 신선했던 본문 디자인.

표지 디자인은 협력업체였던 광고회사에 맡겼다. 파격에는 파격으로! 한창 유행하던 표지의 날개를 과감히 잘라버렸다. 시장 타진을 위해 영어 교육계의 스타였던 오성식 씨에게 책을 보여주며 의견을 구했다. "정성이 많이 들어가 반응이 좋을 것 같다"는 답변이 돌아왔다. 독자층에 해당하는 여러 사람들에게도 물었다. 어느 주부는 "이 책은 세 권 정도 사서 거실, 안방, 화장실에 한 권씩 두고 오가며 읽으면 좋겠다"라는 의견을 내놓기도 했다.

새롭고 재미있다는 평에 고무되어 과감하게 초판 만 부를 찍기로 했다. 하지만 영업부에서는 기연가미연가하면서 부정적인 반응을 보였다. 영어책에 대한 고정관념 때문이었다.

"이 장난스런(?) 영어책이 팔리면 얼마나 팔린다고요."

"두고 보세요! 영업부 곧 바빠질 테니까."

확신을 갖고 밀어붙였다. 이윽고 책이 출간되고 곧 입소문을 타더니 주문 전화가 빗발쳤다. 『꼬리에 꼬리를 무는 영어』는 그렇게 베스트셀러를 넘어 밀리언셀러가 되었다. 은행, 병원, 관공서 등에서 줄줄이 주문이 쏟아졌고, 심지어 교도소 수감자들도 이 책을 읽었다. 정말 전국적인 열풍이었다. 우리나라에서 디자이너가 쓴 책이 베스트셀러가 된 최초의 사례였다. 아마 지금도 책장 한구석을 보면 이 책이 꽂혀 있는 집들이 꽤 많을 것이다.

표지에 머리카락이 있던 그 책

'아이를 잘 만드는 여자' 김영희 열풍

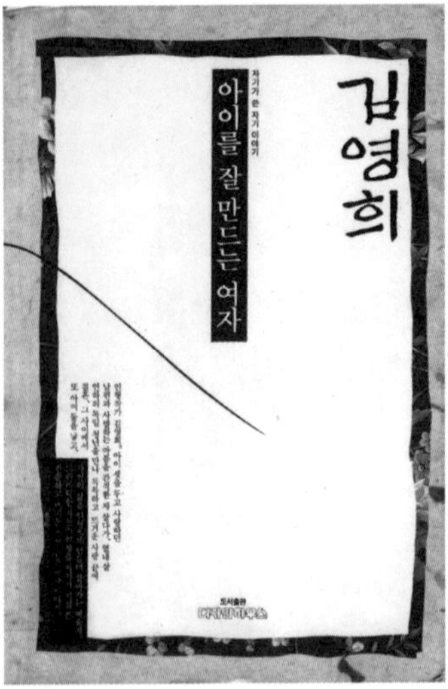

공전의 히트를 기록한 이 책을 계기로 한국 출판계에
일반인도 자신의 이야기로 글을 쓰고,
책을 낼 수 있다는 분위기가 형성되기 시작했다.

1990년대 초 『아이를 잘 만드는 여자』라는 책이 폭발적인 인기를 끌었다. 정말 많이 팔리고 많이들 읽었던 이 책은 독일 뮌헨에서 활동하던 닥종이 인형작가 김영희가 썼다. 그때 김영희 작가의 유명세는 요즘 한류스타에 버금갈 정도였는데, 우선 그녀가 17살 연하의 잘생긴 독일 청년과 결혼했다는 것이 사람들의 호기심을 자극한 것도 있지만 무엇보다 책 속의 이야기가 참 신선하고 흥미로웠기 때문이다. 그녀의 놀라운 이야기는 〈인간극장: 뮌헨의 노란 민들레〉(2부작)란 제목으로 방송되기도 했다.

이 책이 그처럼 널리 회자된 데에는 표지 디자인도 한몫 톡톡히 했다. 디자이너 서기흔이 작업한 표지는 전체 짜임새도 훌륭했지만, 사람들의 시선을 끄는 독특한 연출이 하나 있었다. 최종 표지 시안을 보기로 한 날, 서기흔 씨가 결과물을 내놓는데 첫눈에 긴 머리칼 하나가 떨어져 있는 것이 들어왔다. 반사적으로 손을 내밀어 머리칼을 털어내려는데, 이상했다. 떨어지지 않고 그대로 붙어 있는 것이 아닌가? 옆에서 가만히 지켜보던 서기흔 씨가 씩 웃으며 말했다.

"그거 머리칼 아닙니다. 선을 하나 슬쩍 넣어봤어요."

"이야, 이거 재미있는데요."

디자이너의 장난기에서 시작되었지만, 발상이 신선하고 기발했다.

오케이 사인을 하고 제판사에 넘기자 바로 연락이 왔다. 표지에 선이 잘못 들어간 것 아니냐고 말이다. 독자들도 많이 착각했다. 그 선이 머리칼인 줄 알고 무심결에 손으로 털어내게 된다는 이야기가 여기저기서 들려왔다. 회사를 방문한 손님들도 그 책 표지를 보면 한결같이 손을 갖다 댔다. 위트 있는 표지 때문에 이 책은 더 사람들의 입에 오르내렸다. "아, 표지에 머리칼 있는 그 책!" 하고 말이다.

출간 과정도 꽤 흥미로웠다. 디자인하우스 이영혜 사장은 김영희 씨와 대학 선후배로 각별한 사이라 독일에 출장을 가면 꼭 만나곤 했는데, 그럴 때마다 김영희 씨의 말솜씨가 보통이 아니라는 말을 했다. 그렇다면 그녀에게 글을 쓰게 하는 것이 어떻겠느냐고 의논을 했다. 1990년 초, 독일에 갔던 이 사장이 김영희 씨로부터 독일에서 살아온 이야기를 글로 쓰겠다는 약속을 받아왔다.

그러고 나서 한 달도 채 안 됐는데 원고가 왔다. 무려 200자 원고지 1,000매 분량이었다. 달필로 써내려간 원고의 제목은 '뮌헨의 노란 민들레'. 읽어보니 이야기를 풀어내는 화법이 자연스럽고 독특했다. 형식에 구애되지 않는 자유로움이 느껴졌다. 바로 원고 정리와 출간 계획 작업에 착수했는데, 제목이 약하다는 의견이 많아 당시 협력 관계에 있던 광고회사 웰컴에 자문을 구했다. 웰컴은 광고 비주얼은 물론 카피를 잘 쓰기로도 유명한 회사였다. 그들이 제안한 제목안은 두 가지였다.

열일곱 살 연하의 남자와 결혼하고도 밑졌다고 생각하는 여자

아이를 잘 만드는 여자

전자는 당시 유행이었던 문장 형식으로 지은 것이었고, 후자는 작가의 개성을 이중으로 압축한 제목이었다. 인형작가인 김영희 씨는 닥종이로 아이 인형을 수도 없이 만들었고, 또 실제로 아이가 많기도 했다. 사별한 전남편과의 사이에 셋, 독일인 남편과의 사이에 셋 모두 여섯 명의 아이를 낳아 키우고 있었던 것. 전 직원의 투표 결과 최종 제목은 반응이 훨씬 좋았던 후자로 결정됐다.

초판은 만 부를 찍었다. 책이 서점에 배포되자 출간 이틀인가 후부터 전국에서 주문 전화가 쇄도했다. 영업부는 즐거운 비명을 질렀고, 바로 2쇄, 3쇄 작업에 돌입했다. 독자들의 반응은 뜨겁기가 이루 말할 수 없었다. 그 열기를 이어가기 위해 디자인하우스에서 발행하는 잡지 『행복이 가득한 집』에 독후감 공모를 냈다. 상품은 김영희 작가의 닥종이 인형 작품이었다. 신문에 광고도 실었다. '독일에서 김영희 씨가 닥종이 인형 작품을 안고 한국 독자에게 오고 있다'는 카피 아래 인형을 안고 환하게 웃고 있는 김영희 씨의 큼지막한 사진으로 구성된 광고였다. 그 덕분인지 독후감이 쉴 새 없이 들어와 산더미처럼 쌓였다. 언론이며 방송국이며 여기저기서 김영희 작가를 찾았다.

『아이를 잘 만드는 여자』는 그렇게 공전의 베스트셀러가 되

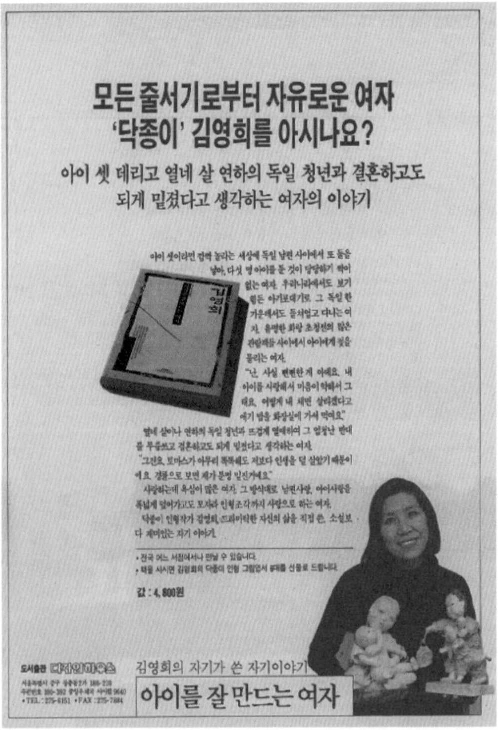

『아이를 잘 만드는 여자』 지면 광고.

었다. 출판계에서는 정말 신선하고 놀라운 사건이었다. 프로 작가가 아닌 일반인도 자신의 이야기로 훌륭한 글을 쓸 수 있으며, 그걸 책으로 낼 수 있다는 분위기가 형성되는 계기가 되기도 했다. 돌이켜보면 이 책이 그토록 열렬한 반응을 얻었던 것은 이른바 '3T Title, Target, Timing'가 잘 맞아떨어졌기 때문이었던 것 같다. 그만큼 정말 흔치 않은 경우였다.

우리나라 최초의 디자인 문고

시각문화문고 시리즈

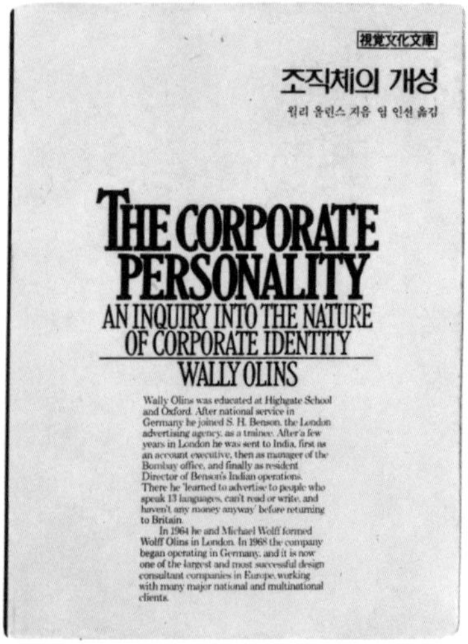

시각문화문고 시리즈 중 한 권인 『조직체의 개성』
(윌리 올린스 지음, 임인선 옮김, 시각문화사, 1980).

1977년 가을 어느 저녁, 명지전문대에서 디자인을 가르치고 있던 황부용 교수에게 전화가 왔다.

"긴히 의논할 일이 있어서 좀 만났으면 하는데, 내일 어때?"

이튿날 당시 서소문에 있던 명지전문대 앞 다방으로 나갔다. 황 교수와 함께 같은 학교에서 일하는 윤학중 교수도 나와 있었다. 서울대 미대 동기인 그들은 학창 시절, 지금은 고인이 된 김진평 교수(서울여대)와 더불어 '그래픽 트리오'라 불리며 학내에서 명성을 떨치던 삼인방이었다.

의논할 일이란 디자인 전문 서적 출판에 관한 것이었다. 이런저런 협의 끝에 우리는 출판사를 설립해 디자인 전문 단행본을 내기로 의기투합했다. 언제 어디서나 가볍게 읽을 수 있는 문고판 형식으로 만들기로 하고, 출판사 이름은 '시각문화사', 시리즈 이름은 '시각문화문고'로 정했다.

시각문화문고 시리즈의 첫 번째 책은 영국의 저지 카로가지은 『그래픽 디자인』을 번역하기로 했다. 번역은 내가 하고, 편집 과정에서 제목을 『그래픽 디자인의 출발』로 바꾸었다. 표지 디자인은 프랑스의 유명한 일러스트레이터 토미 웅게러Tomi Ungerer의 작품을 썼다. 뽀빠이를 떠올리게 하는, 불룩한 팔뚝의 남자가 눈에 띄는 그림이었다. 경쾌하고 강렬하며 과감하다는 평을 받았다.

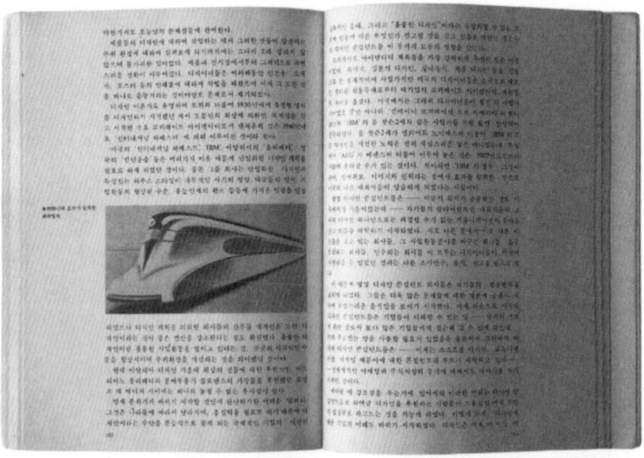

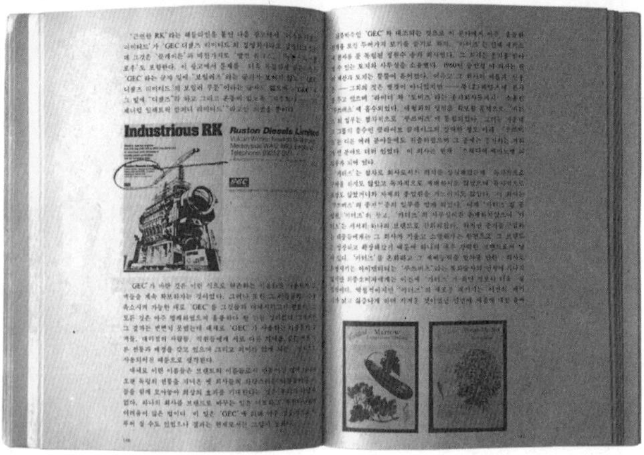

『조직체의 개성』 본문.

제목 서체는 '황미디엄'의 헤드라인서체를 사용했고, 광고 카피는 다음과 같았다.

> 하얀 백지 위에서 그래픽 디자인은 어떻게 시작되어야 하는가? 이 책은 아이디어 때문에 고통을 겪는 디자이너를 위한 발상의 길을 제시하고 있다.

시각문화문고는 매월 한 권씩 정기적으로 내기로 방침을 정하고, 유통도 월간지처럼 정기구독 형식을 따랐다. 독자와 1년 구독 약속을 맺어 구독료를 선불로 받고, 매월 발송하는 방식이었다. 지금 봐도 꽤 앞서 나간 유통 체계다. 무엇보다 1970년대 후반까지만 해도 디자인 전공자들이 외국에서 수입한 디자인 전문서를 제대로 이해하기란 무척 어려운 실정이라, 한국어 번역이 시급했다. 시각문화문고가 그 시절 한국 디자인계의 '문맹 퇴치' 역할을 한 셈이다.

이 시리즈는 출간을 거듭할수록 독자가 차차 늘어나 꾸준히 인기를 끌었다. 중간에 김진평 교수 외에 몇 사람이 더 기획과 편집에 참여했는데, 시각문화문고를 만드는 사람들의 연령대가 대부분 20대 후반이라 '앙팡 테리블의 질주'라는 평을 듣기도 했다.

시각문화문고 도서 목록

아이디어는 어디에 있는가	당신은 진정한 아트 디렉터인가? 나가이 가즈마사의 아트 디렉션에 대한 명쾌한 해설은 아트 디렉션의 새로운 사상적·조형적 탐구의 길로 당신을 인도할 것이다.
경영전략으로서의 디자인–철도지·지하철	폭발적인 인구의 도시집중과 교통량 증대에 따른 공공수송 기관의 매니지먼트는 사인·디자인 정책의 중요성을 실감시켜 세계 각국은 앞을 다투어 최첨단의 코퍼레이트 아이덴티티 프로그램을 도입하고 있다. 이 책은 이에 따른 도입, 경과, 전개의 실체를 상세하게 보여주고 있다.
포스터에의 도전	어떻게 해서 한 장의 포스터가 거리의 보석이 될 수 있는 것일까? 그래픽 디자이너가 연출할 수 있는 최대의 드라마, 포스터의 기획과 표현의 정상에 오르는 비밀의 테크닉이 여기에 펼쳐진다.
나는 디자이너인가	당신은 디자이너인가? 예술가로서, 과학자로서, 웅변가로서, 생활인으로서 세계 정상의 디자이너 30인이 말하는 '나는 디자이너인가?' 적나라한 이들의 고백과 작품은 당신으로 하여금 스스로의 좌표를 설정하게 만든다.
아메리칸 일러스트레이션	훌륭한 일러스트레이션이란 그 스타일이 어떻든 간에 나름의 생명을 지녀야 하며 단순한 이야기의 설명이어서는 안 된다. 밀턴 글레이저, 폴 데

시각 문화문고는
인간이 창조하는 그래픽 디자인의
모든 전통과 이념을 한글로
알기 쉽고 아름답게
정리한다

이비스, 토미 웅게러 등 아메리칸 일러스트레이터 30여 명의 사상과 작품을 면밀히 분석하고 있다.

새로운 세대의 그래픽 디자인

세계 12개국 디자인 대학의 그래픽 전공 학생 작품의 하이라이트만을 모은 이 책은 20세기 그래픽 디자인 교육을 한눈에 볼 수 있는 '영 그래픽의 집대성'이다.

경영전략으로서의 디자인-아메리카

1979년 1월 1일 미국과 중공의 수교는 세계를 놀라게 했다. 폴 오스틴 미국 코카콜라 사장은 카터 행정부의 발표가 있은 3일 후 코카콜라의 중공 상륙을 전 세계에 발표했다. 다국적 기업으로서 아메리칸 브랜드가 세계를 정복한 디자인적 비결은 과연 무엇일까?

포스터의 위력

포스터의 기획과 표현에서부터 광고 매체로서의 포스터, 포스터의 엘리먼트, 포스터의 아트 디렉션, 포스터의 심리학 등에 이르기까지의 포스터의 위력을 실감 나게 하는 책이다.

세계의 로고타이프

로고타이프 하나에 쏟는 디자이너의 정열은 빌딩을 설계하는 건축가의 정열과 맞먹는 것이다. 세계 각국의 로고타이프 디자인을 분석한 이 책은 문자 디자인에 대한 안목을 높여주는 지침서가 될 것이다.

한국 디자인 발전의 자양분

『월간디자인』의 의미와 가치

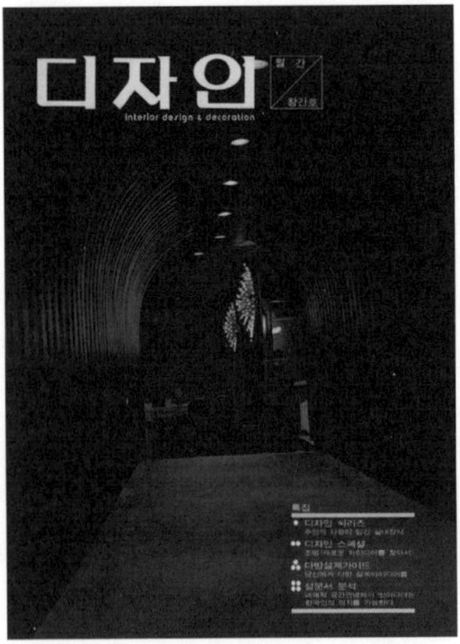

『월간디자인』 창간호(1976년 10월).

한국의 디자인에 관해 논할 때 『월간디자인』은 빼놓을 수 없는 이름이다. '디자인'이라는 말조차 생소했던 1976년에 창간된 이 잡지는 처음엔 건축과 인테리어 잡지로 출발했으나, 점차 디자인 전반을 다루는 방향으로 나아갔다. 휴간, 재창간, 폐간, 복간이라는 부침을 겪기도 했지만 오히려 그런 우여곡절이 자양분이 되어 뿌리를 깊숙이 내릴 수 있었다.

이는 우선 이영혜 사장의 열정과 비전이 있었기에 가능한 일이었다. 1979년 이 잡지를 인수해 재창간한 그는 이후 온갖 어려움을 겪었으나 산업, 경제, 문화 전반에 디자인이 얼마나 중요한지 알고 있었기에 앞날을 내다보며 버텨냈다.

『월간디자인』은 수많은 인물을 만나고, 이슈를 형성하며 한국의 척박했던 디자인 토양을 비옥하게 만드는 데 큰 역할을 했다. 『월간디자인』이 소개한 인물과 사건만 모아도 한국 현대디자인사 자료로 충분할 정도다. 사료적 가치로 보자면 디자인계의 '조선왕조실록'이라 해도 과언이 아니다.

1988년 서울올림픽을 전후로 한국에 대한 관심이 높아지자, 『월간디자인』은 각 기사의 영문 초록을 잡지 뒤에 붙여 세계 디자인계에 한국 디자인을 알리기 위해 노력했다. '코리안 스타일'의 디자인을 세계에 알리는 창구 역할을 한 셈이다. 대중지에 비해 발행부수는 적지만 오피니언 리더로서 그 영향력은 크다는 점을 강조하기 위해 'Small Circulation but Great Influence'라는 슬로건을 내세우기도 했다.

『월간디자인』은 한국 잡지사상 최초로 아트 디렉터 제도를 도입하기도 했는데, 초대 아트 디렉터였던 디자이너 황부용은 『월간디자인』 10주년 기념 인터뷰에서 이런 말을 했다.

> 그동안 어떤 시기에는 잘 만들었다 또는 못 만들었다, 깔끔하다, 그렇지 못하다는 등 비판도 많았지만, 자료 집성이라는 측면에서는 완벽하다. 『월간디자인』은 그런 기록적 측면에서 무엇과도 바꿀 수 없는 소중한 일을 했기 때문에 우리나라 디자인 역사에 기여한 바가 만만치 않다.

수십 년이 지난 지금도 그의 평가는 유효하다. 『월간디자인』은 어제, 오늘, 내일의 한국디자인 기록물로서 그 가치가 매우 크다. 디자인문화유산으로도 손색이 없다. 기록은 지금도 계속되고 있다. 디자인 전문 잡지로는 발행 부수가 세계에서 가장 많은 『월간디자인』은 몇 년 전부터 디지털 데이터베이스 시스템을 구축, 이제 온라인으로 자료에 손쉽게 접근할 수 있다. 이를 토대로 앞으로 다양한 한국 디자인 역사 이야기가 꾸준히 나오길 기대한다.

'디자인'이란 말은 이탈리아 르네상스 시대의 한 화가가 가구 그림을 그려 제작자에게 생산을 맡긴 것을 '디자인'이라 부르기 시작하면서 생겼다고 한다. 가구를 직접 만들지 않고 형태, 색상,

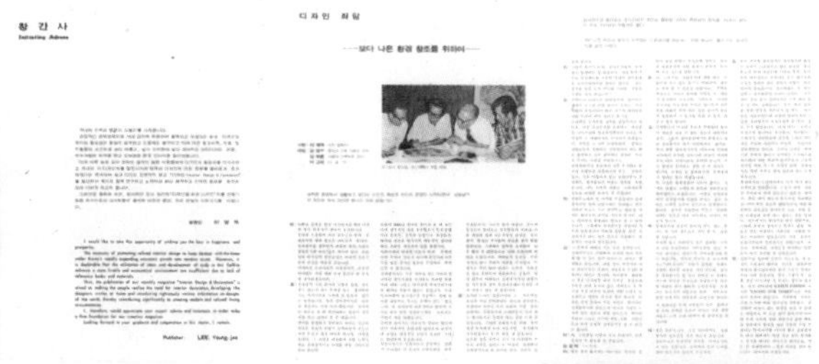

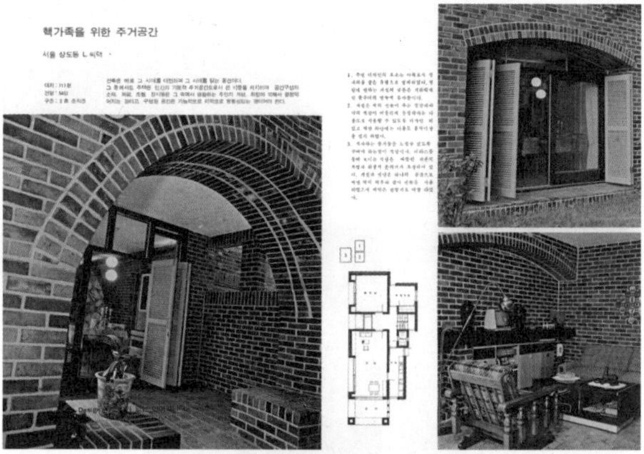

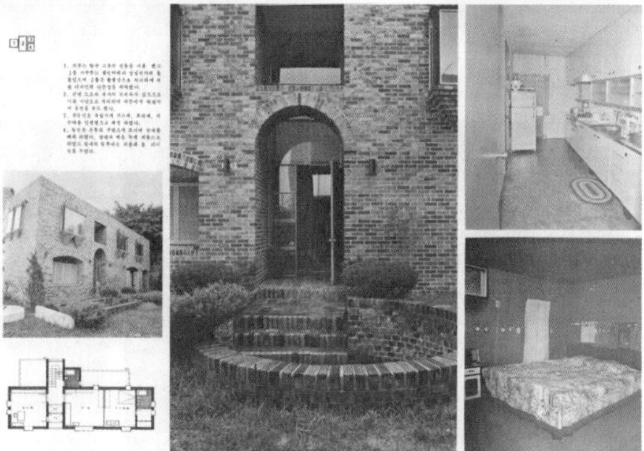

『월간디자인』 창간호 본문. 창간사를 통해 "품위와 개성, 창의력이 있는 월간지, 디자인을 위한 디자인지를 만들기 위해 노력하겠다"는 포부를 밝히고 있다.

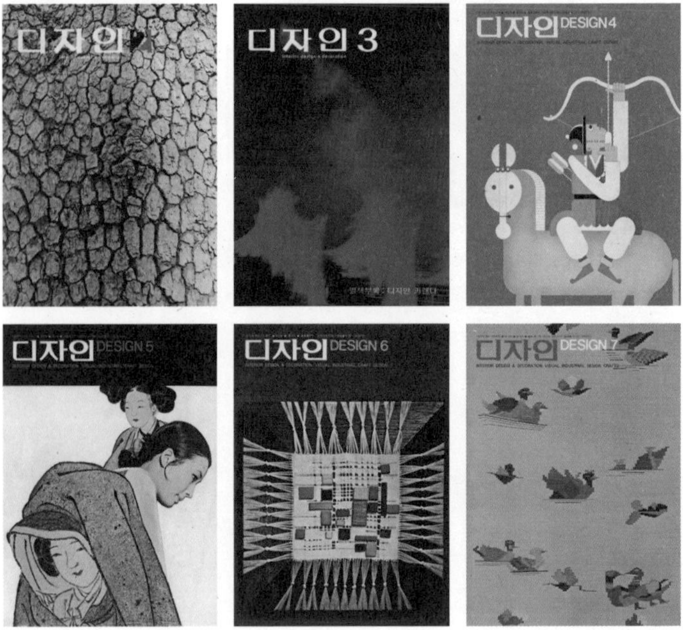

『월간디자인』 초창기 표지들(1976~83).
매호 다루고 있는 이슈들만 모아도 한국 디자인사를 개괄할 수 있다.

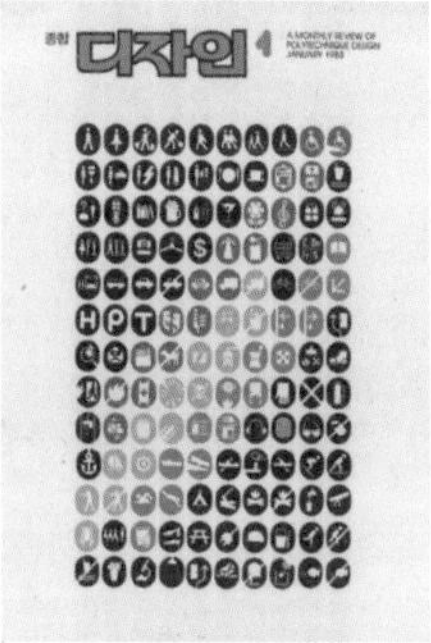
종합 디자인 1
A MONTHLY REVIEW OF POLYTECHNIQUE DESIGN
JANUARY 1983

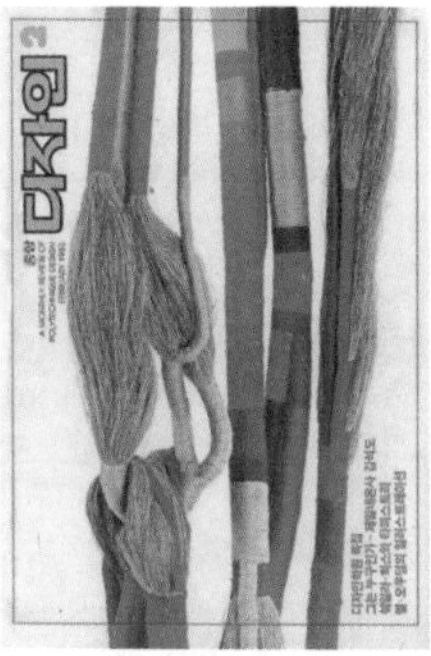
종합 디자인 2
A MONTHLY REVIEW OF POLYTECHNIQUE DESIGN
FEBRUARY 1983

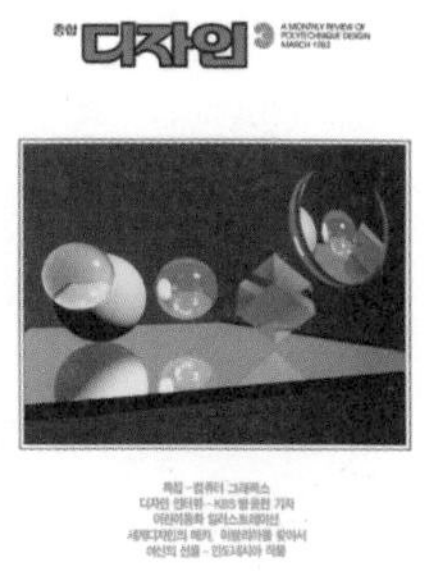
종합 디자인 3
A MONTHLY REVIEW OF POLYTECHNIQUE DESIGN
MARCH 1983
특집 – 컴퓨터 그래픽스
디자인 인터뷰 – KBS 방송된 기자
어린이동화 일러스트레이션

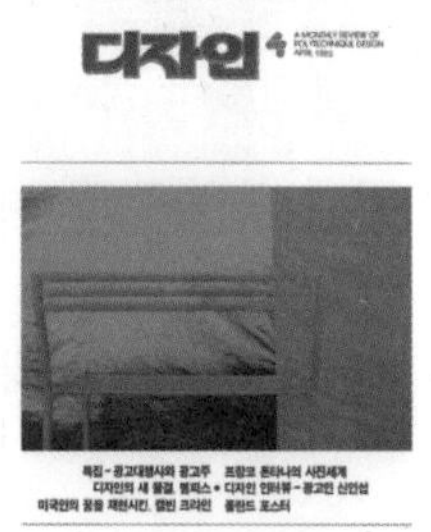
디자인 4
A MONTHLY REVIEW OF POLYTECHNIQUE DESIGN
APRIL 1983
특집 – 광고대행사와 광고주 프랑코 폰타나의 사진세계
디자인의 새 물결, 멤피스 • 디자인 인터뷰 – 광고인 신인섭
미국인의 꿈을 재현시킨, 캘빈 크라인 폴란드 포스터

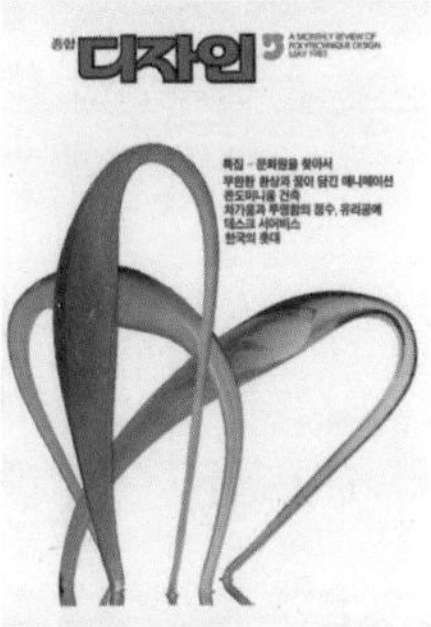
종합 디자인 5
A MONTHLY REVIEW OF POLYTECHNIQUE DESIGN
MAY 1983
특집 – 문화원을 찾아서
무한한 환상과 꿈이 담긴 애니메이션
차가움과 투명함의 정수, 유리공예
데스크 서어비스
한국의 촛대

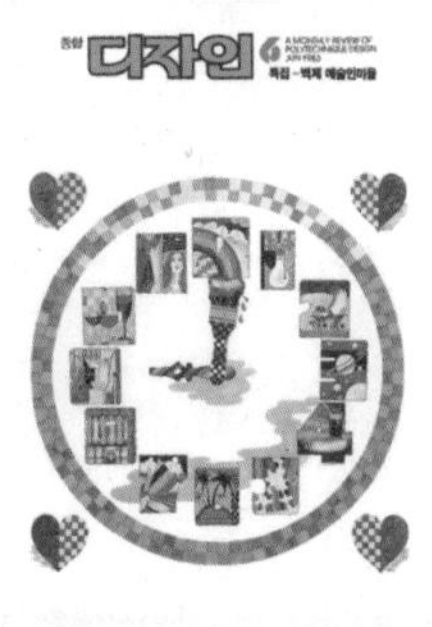
종합 디자인 6
A MONTHLY REVIEW OF POLYTECHNIQUE DESIGN
JUN 1983

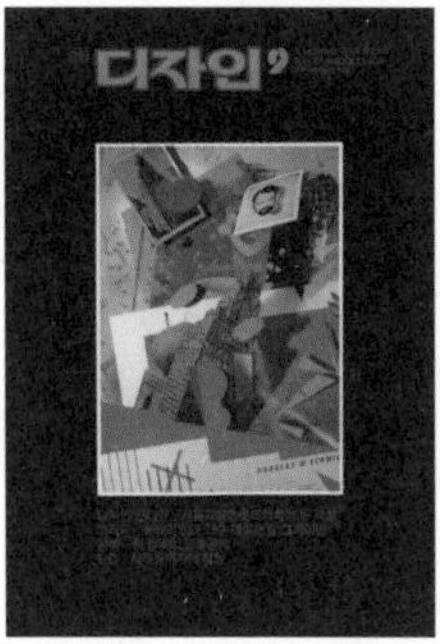
디자인 9

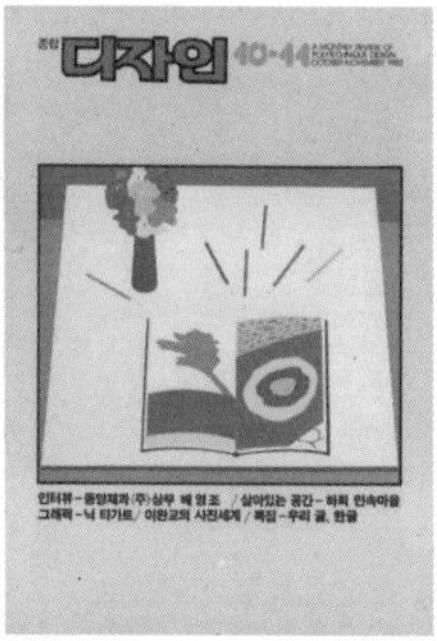
종합 디자인 10·11
A MONTHLY REVIEW OF POLYTECHNIQUE DESIGN
OCTOBER·NOVEMBER 1983
인터뷰 – 동양제과(주)상무 배 영 조 / 살아있는 공간 – 하회 민속마을
그래픽 – 닉 티가토 / 이완교의 사진세계 / 특집 – 우리 글, 한글

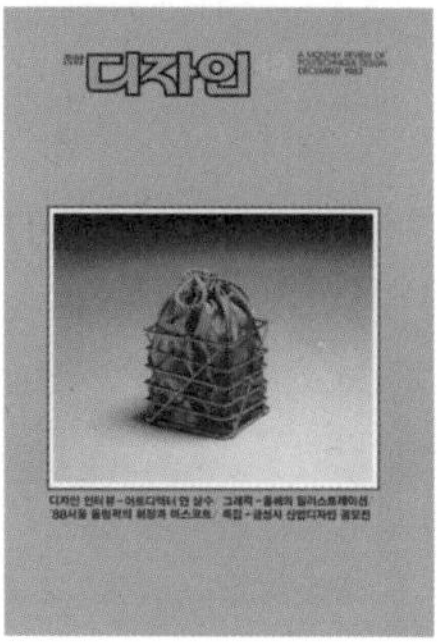
종합 디자인
A MONTHLY REVIEW OF POLYTECHNIQUE DESIGN
DECEMBER 1983

재질 등의 정보를 표기해 기술자에게 제작을 맡긴 것인데, 직접 제품을 만들지 않고 '표기Sign'만 해주었다고 해서 가구 밑그림, 즉 설계도를 '디자인De sign'이라고 불렀다는 것이다. 밑그림을 뜻하는 단어 '데생Dessin'도 여기서 나왔다. 이 일화에 비추어볼 때, 표기한다는 뜻을 지닌 '디자인'을 다시 표기하고 기록하여 길이 남기는 잡지가 바로 『월간디자인』이라 할 수 있다.

뿌리 깊은 나무는 바람에 흔들리지 않고, 샘이 깊은 물은 마르지 않는다고 했다. 『월간디자인』이라는 나무는 앞으로도 흔들림 없이 꽃을 피우고 열매를 맺어갈 것이며, 그 샘 또한 마르지 않는 풍부한 수원水原으로 한국 디자인의 토양을 끊임없이 적셔줄 것이다. '음수사원飮水思源'이란 고사성어가 있다. 물을 마실 때 그 원천을 잊지 않는다는 뜻이다. 그처럼 한국 디자인의 역사를 돌아볼 때 『월간디자인』이란 원천을 꼭 기억해야 할 것이다.

디자인 교과서의 스테디셀러

정시화의 『현대디자인연구』

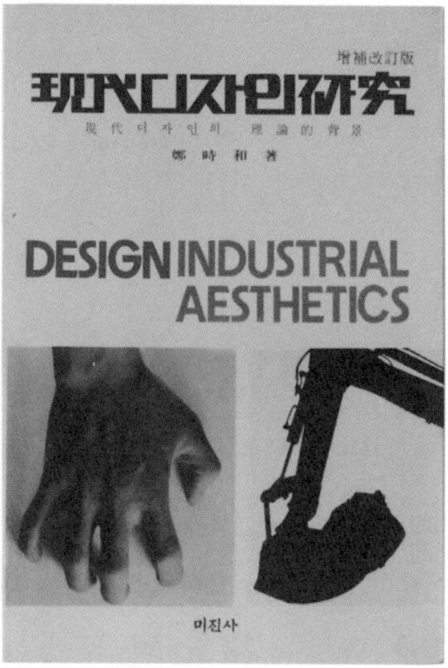

정시화, 『현대디자인연구』, 미진사, 1980.

디자인이 아직 미술의 그늘에서 벗어나지 못한 채 응용미술이나 산업미술로 불리던 1980년, 디자인의 개념을 새로이 정립해 미술에서 독립시킨 본격적인 '디자인 입문서' 한 권이 출간됐다. 바로 『현대디자인연구-현대디자인의 이론적 배경』(미진사)이라는 책이었다. 이 책은 나오자마자 디자인 교과서 역할을 하며 오랫동안 스테디셀러 자리를 지켰다. 대체할 만한 다른 책이 없기도 했지만, 디자인 이론서치고는 엄청난 반응을 얻었다.

디자인의 기초 개념과 그 방법론, 현대 디자인의 이념적 배경, 현대 디자인의 과제, 세계 각국의 현대 디자인 등을 다룬 이 책은 그 주제들이 유기적으로 구성되어 디자인의 목적, 내용, 방법을 일목요연하게 볼 수 있다. 1980년대부터 지금까지 대학에서 『현대디자인연구』 없이 디자인 이론을 공부한 세대는 없다 해도 과언이 아니며, 디자인 전공을 목표로 하던 고등학생들도 읽었다. 디자인을 공부하는 이들에게 이 책이 끼친 영향은 정말 대단하다. 누군가는 이런 말을 할 정도였다.

> 막강한 영향력은 불만의 요소가 되기도 한다. 말하자면, '아직도 그 책으로 배우고 있느냐' 같은 불만이다. 다른 입장의 개론서가 나오지 않는다는 것은 『현대디자인연구』로 충분하기 때문일까? 어떤 이유로든 한 사람의 이론이 오랫동안 지배해오고 있다는 것은 다양한 시각을 접할 기회를 잃고 있다는 것을 의미한다.

1981년이던가. 인류의 디자인이 석기 시대 주먹도끼에서 시작됐다고 전제하고, 주먹도끼를 실마리로 디자인의 원리를 풀어가는 책 『Principles in Design』(윌리엄 메이욜)을 번역하고 있던 동덕여대 권영걸 교수 연구실에서도 이 책이 화제에 오른 적이 있었다. 그때 나는 번역 작업을 거들고 있었는데, 연구실에 모인 교수들이 하나같이 입을 모아 "이 책이 출간되면 『현대디자인연구』를 대체하는 디자인 교과서가 되면 좋겠다"라고 질투 섞인 바람을 말할 정도였다. (그 책은 후에 『디자인 원론』이란 제목으로 출간됐다.)

『현대디자인연구』는 대학을 졸업한 다음 덴마크로 유학을 가서 디자인을 공부하고 돌아온 정시화 교수(국민대)가 썼다. 그는 1968년부터 우리나라 대학에서 최초로 디자인 이론을 강의했고, 여러 권의 디자인 번역서와 저서를 냈다. 1970년대부터 여러 잡지에 디자인 관련 글을 써서 디자인의 중요성을 널리 알렸으며, 외국 디자인 잡지에 한국 디자인을 소개하는 글을 기고하기도 했다. 그는 유근준 교수(서울대)와 더불어 디자인 이론가, 디자인 사가史家, 디자인 비평가 1세대라 할 수 있다. 차이점이 있다면 유근준 교수는 미술사와 미술비평도 겸했다는 것이다.

학문으로서의 디자인을 정립하려고 노력한 정시화 교수는 디자인 분야의 독자성과 자율성, 존재 가치를 줄곧 이야기해왔다. 디자인은 과학기술 등 많은 분야와 관련이 있지만 디자인은 어디까지나 디자인일 뿐이라는 것이 그의 주장이다. 디자인은 과학적 방법으로 문제를 해결하기도 하고, 발명적인 요소도 있지만, 그렇다고 디자이너는 엔지니어도 아니고 발명가도 아니며 과학자도 아닌 오로지 디자이너라는 것이다.

이렇듯 정시화 교수가 우리나라 디자인계에 끼친 영향은 매우 크다. 그의 책들은 오랫동안 디자인 개론서나 디자인 역사의 유력한 텍스트 역할을 해왔다. 한국 디자인 논객 1세대로서 그는 한국 현대 디자인이 1960년대 경제 부흥 정책에 따른 산업화, 근대화로부터 시작됐다고 본다. 어느 잡지와의 인터뷰에서 정시화 교수는 그에 대해 이렇게 밝혔다.

> 우리가 오늘날 논의하고 있는 디자인은 본질적으로 산업 디자인을 말하는 것입니다. '인더스트리얼 디자인'의 준말이 디자인입니다. 허버트 리드는 산업 디자인은 원래 영국적 개념이라고 강조했으며, 디자인 전문가 스티븐 베일리도 오늘날의 디자인은 18세기 산업혁명으로부터 비롯된 분야라고 말했습니다.
>
> 우리나라의 산업혁명은 1960년대입니다. 그래서 나는 우리나라의 현대 디자인은 1960년대부터 시작되었다고 주장해왔습니다. 산업혁명 이전의 시대는 수공예 시대입니다. 우리들이 공예미술이라고 말하는 수공예는 디자인 전 시대의 산물이지 디자인은 아닙니다.
>
> 산업혁명의 특징은 철강과 같은 신소재, 표준화 시스템, 기계

> 적 대량생산으로 유통되는 새로운 생활제품의 생산, 그리고 판매와 관련된 20세기 조형Gestaltung 분야를 말합니다. 우리의 디자인, 이른바 산업 디자인은 이러한 근거에서 1960년대부터 시작되었다고 주장하는 것입니다.

이런 점에서 그의 저서 『산업 디자인 150년』(1991)이 눈길을 끈다. 1830년대부터 1980년대까지 산업 디자인의 역사를 주제별로 다루고 있는 책으로, 북 디자이너 정병규의 "디자인의 역사에 대해 공부할 때 국내 저자의 책으로는 정시화의 『산업 디자인 150년』을 능가하는 것이 아직 없다"라는 말로 이 역작의 평을 대신한다. 정시화 교수는 개인적으론 내 고교 선배였는데, 그 시절부터 일본의 미술 전문 이론지 『미술수첩』을 구독했다는 전설 같은 이야기가 전해지기도 한다.

세계 디자인 통사를 다룬 명저

필립 B. 멕스의 『그래픽 디자인의 역사』

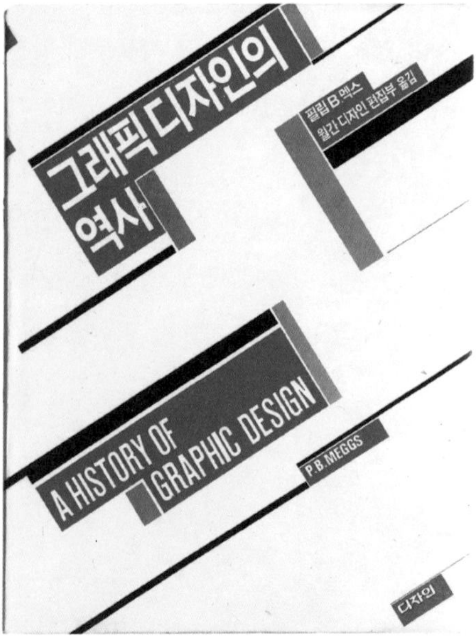

필립 B. 멕스, 월간디자인 편집부 옮김, 『그래픽 디자인의 역사』, 디자인하우스, 1985.

1983년 늦여름, 시각문화문고의 편집장을 그만두고 독서로 소일하며 잠시 쉬고 있을 때였다. 집으로 전화 한 통이 걸려왔다. 『월간디자인』의 이영혜 사장이었다. 1977년 무렵 『월간디자인』 초창기에 그가 기자로 일하고 있을 때 만나 서로 알고 지내는 사이였다. 전화의 용건은 번역할 책이 한 권 있는데 좀 맡아주겠느냐는 것이었다. 마침 수입도 없는 터라 기꺼이 하겠다고 했다.

이튿날 퇴계로 5가에 있던 『월간디자인』 편집부로 찾아가자, 이영혜 사장은 크고 두툼한 책 한 권을 내밀었다. 『A History of Graphic Design』이란 제목으로, 막 세상에 나온 따끈따끈한 책이었다. 죽 훑어보니 선사 시대부터 문자의 발명, 산업혁명 등 인류 역사의 궤적을 돌아보며 그와 연계해 각 '시대정신Zeitgeist'을 반영한 그래픽 디자인의 역사를 다루고 있는 책이었다. 얼핏 보기에도 이 방면의 책으로는 세계 최초의 역작이 아닌가 싶었다.

방대한 분량의 책을 한 장 한 장 복사해 달라고 했다. 갖고 있는 책이 한 권뿐이라 책에 실린 도판을 훼손하지 않기 위해서였다. 수북한 복사지를 들고 집으로 돌아와 번역에 착수했다. 타자기로 번역 원고를 찍어나갔다. 톡 톡 토도도 톡……. (야심한 밤의 타자기 소리는 마치 간첩이 무전을 치는 것처럼 들린다고들 했다. 실제로 그렇게 오인해 신고하는 일이 당시에 없잖아 있었다.)

그러던 중 집에서 일하지 말고 자리를 마련해줄 테니 회사에 나와서 하라는 연락이 왔다. 타자기를 들고 회사로 갔다. 자리는

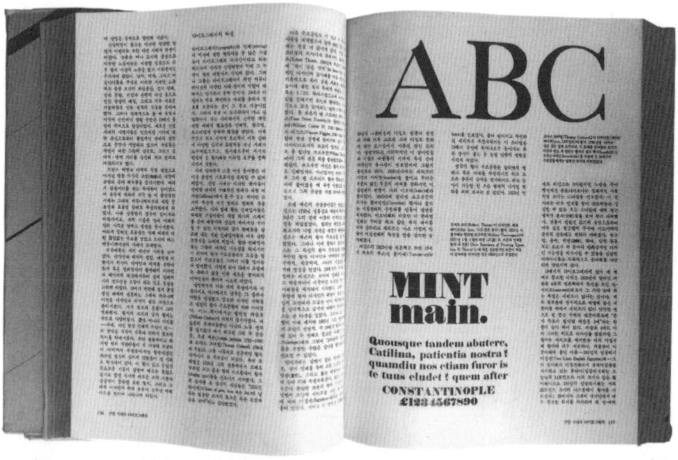

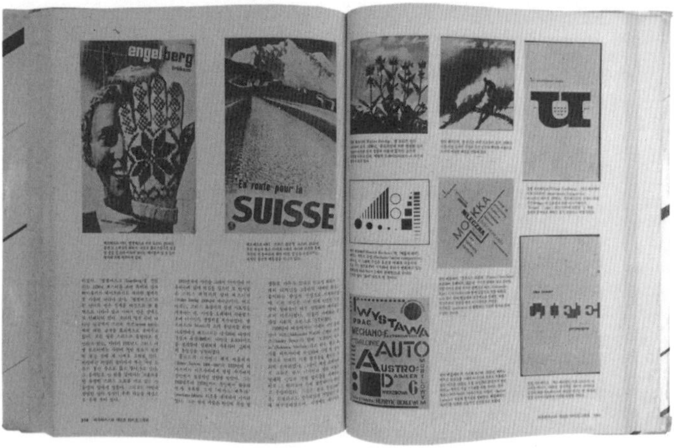

이반 체르마예프의 "역사의 디자인은 디자인의 역사다"라는 말이 떠오를 정도로, 디자인의 역사를 충실히 담은 책.

사장실 옆에 붙은 디자인실에 있었다. 당시 아트 디렉터 김진용과 한 방을 썼다. (그는 곧 올림픽조직위원회 디자인실로 직장을 옮겼다.)

매일 출근하면서 번역 작업을 했다. 얼마나 지났을까. 어느 날, 이 사장이 『월간디자인』 편집장을 맡아보겠냐는 제의를 해왔다. 당시 편집장 자리는 비어 있었고, 잡지 편집과 발행 및 경영 모두 어려움에 처해 있는 상황이라 고심 끝에 수락했다. 그렇게 나는 1983년 10월호부터 『월간디자인』 편집장을 하게 됐다. 잡지 만드는 일이 너무 바빠 번역은 잠시 손을 놓을 수밖에 없었다. 어느 정도 잡지 일에 이골이 났을 즈음, 번역을 다시 시작했다. 무더운 여름이었다. 땀을 흘려가며 작업에 매진했다. 번역하면서 많은 것을 알게 됐는데, 무엇보다 인류가 남긴 그래픽 디자인의 방대함에 놀랐다. 가히 디자인 세계 통사通史의 랜드마크라 할 만한 책이었다. 이반 체르마예프Ivan Chermayeff의 "역사의 디자인은 디자인의 역사다"라는 말이 떠올랐다.

번역을 마무리한 다음, 표지 디자인은 프랑스의 에콜 에스티엔에서 공부하고 돌아온 북 디자이너 정병규에게 맡기고 편집을 거쳐, 『그래픽 디자인의 역사』라는 제목으로 출간했다. 당시는 우리나라가 국제저작권협회에 가입하기 전이라 정식 계약을 하고 발행한 것은 아니었다. 우리나라 대다수의 번역서가 그랬던 시절이었다. 그래서 나중에 저자인 필립 멕스에게 사정을 알리고 양해를 구하는 편지를 보내기도 했다. 지금은 어림도 없는 일이지만 말이다. 이 책은 몇 년 전 디지털 시대의 그래픽 디자인에 대한 내용을 보완한 개정판이 나왔고, 그 개정판을 번역한 새로운 책이 출간돼 있는 상태다.

이 책을 번역하면서 윌리엄 애디슨 뒤긴스William Addison Dwiggins라는 북 디자이너가 1922년에 '그래픽 디자인Graphic design'이란 말을 처음 썼다는 것을 알게 됐다. 인쇄에 기반한 커뮤니케이션에서 구조의 질서와 시각 형태를 부여하는 자신의 일을 정의하기 위해 이 용어를 만들었다고 한다. 이 말은 제2차 세계대전 이후에서야 비로소 정착됐으며, 그 이전에는 그래픽 디자이너를 '상업 미술가Commercial artist'라고 불렀다. 어머니가 "도대체 네가 하는 일이 뭐니?"라고 물어도 명쾌한 답을 하지 못했는데, 이 책을 내면서 비로소 자신 있게 답할 수 있게 되어 좋다는 저자의 말이 기억에 남는다.

이 책에는 인쇄술을 발명한 구텐베르크보다 훨씬 전에 고려 시대 우리 땅에서 금속활자가 발명됐다는 이야기도 나온다. 그 대목에서 뿌듯함을 느끼면서도 동시에 왜 그것이 지속적으로 발전하지 못하고 맥이 끊겼을까 하는 의문이 들었고, 그 원인을 찾아보기도 했다. 디자이너 정병규는 이 책에 이런 추천사를 남겼다.

> 디자인의 역사에 대해 공부하는 데 정시화의 『산업 디자인 150년』과 필립 멕스의 『그래픽 디자인의 역사』 두 권이면 충분하다.

앞의 책을 능가하는 책이 아직도 국내 저자의 저술로는 없다. 그리고 뒤의 책은 세상이 다 아는 명저다. 양이 만만치 않다. 이 책을 읽을 때는 서양문화사를 시각적으로 다시 본다는 태도로 접하는 것이 좋다. 이 책들을 읽고 나면 스스로 디자인에 대한 눈이 높아져 있음을 느끼게 될 것이다.

'디자인'이 가득한 집을 위하여

『행복이 가득한 집』 창간 스토리

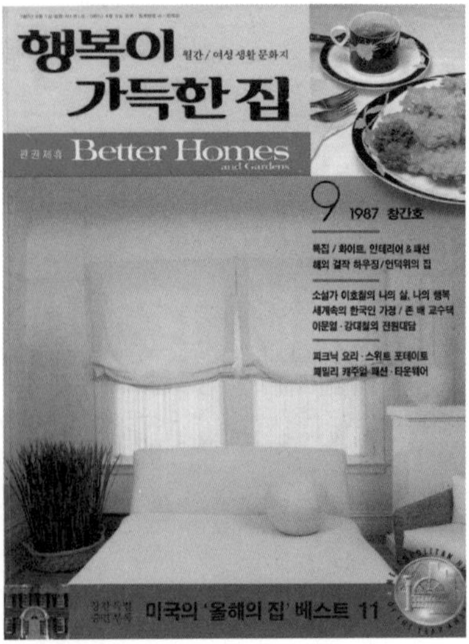

『행복이 가득한 집』 창간호(1987년 9월호).

1980년대 후반, 디자인에 대한 사회적 인식과 개변이 확대되면서 자연스럽게 디자인과 일상의 거리를 좁히는 역할을 해주는 잡지에 대한 요구가 생기기 시작했다. 디자인하우스에서도 새로운 잡지를 만들기로 했다.

먼저 생활의 기본 공간인 '집'을 중심에 놓고 그림을 그려나갔다. 집은 동사 '짓다'에서 나온 말이다. '짓다'란 동사는 밥을 짓다, 글을 짓다, 집을 짓다, 옷을 짓다, 농사를 짓다 등 여러 가지로 쓰인다. 이처럼 짓는다는 것은 만든다, 즉 창조를 의미한다. 그러니 짓는 것이 곧 디자인이 아닌가. 그렇게 일단 '월간 집'이란 제호를 정하고 '집' 앞에 뭔가 수식하는 말이 있으면 좋겠다는 생각을 하던 차였다. 회사에 가끔 오던 우리말을 잘하는 한 미국인이 우연찮게 내놓은 아이디어가 열쇠가 됐다. 미국의 디자인 회사 랜도어소시에이츠의 한국 지사에 근무하던 이로 기억된다. 후리후리한 체격에 유머 감각이 있고 친절한 사람이었다.

그에게 창간 계획을 들려주고 잡지 제목을 고민 중이라고 했더니, '행복이 가득한 집'이 어떠냐고 한마디 툭 던졌다. 처음에는 생경하게 들렸다. 기존의 잡지 제목과는 많이 달랐기 때문이다. 그러나 한참 입으로 곱씹어보니 마치 시의 한 구절 같기도 하고, 친근한 느낌이 들었다. 새로운 잡지에 걸맞은 제목이라는 긍정적인 반응이 많았고, 마침내 '행복이 가득한 집'이 최종 제목으로 결정됐다.

로고타이프 디자인은 타이프페이스 연구와 개발에 선구적 역할을 하고 있던 한글 디자이너 김진평에게 의뢰했다. 잡지 포맷을 잡는 아트 디렉션은 충무로에 터를 잡은 디자인 회사 '새논'의 최기영 사장이 맡았다. 세계 최대 발행부수를 자랑하는 미국의 가정생활지 『베터 홈즈 앤 가든즈』에 편지를 보내 기사 제휴를 제안, 판권 제휴를 이끌어냈다. 한국 잡지사상 최초의 일이었다.

창간 준비를 마치고 1987년 9월, 드디어 첫 번째 『행복이 가득한 집』이 태어났다. 국내 최초로 연예인, 정치인 스캔들 기사 같은 가십을 다루지 않는, 가정의 거실 탁자나 식탁 위에 놓고 온 가족이 함께 볼 수 있는 건강한 라이프스타일 잡지였다. 『행복이 가득한 집』은 곧 여성지의 판도를 바꾸어놓았다. 두께도 다른 여성지에 비해 얇고 가벼워 "부부 싸움할 때 던져도 다치지 않겠다"는 농담이 들려오기도 했다. 어떤 이는 '행복이 아득한 집'이라며 제목을 두고 비아냥거리기도 했다. 영어로는 'Creative Home Livings'라 했고, '행복만가幸福滿家'란 제목으로 중국 진출을 시도하기도 했다. 그러나 당시 중국은 이런 라이프스타일 잡지가 정착할 분위기가 덜 여문 상태라 아쉽지만 시도로 그쳤다.

『행복이 가득한 집』에서는 1991년 1월부터 '무료로 집을 예쁘게 꾸며드립니다'라는 캠페인을 6년 동안 전개하며 생활 디자인의 저변 확대에 큰 역할을 했다. 매월 인테리어 디자인 전문가가 공간을 새로 태어나게 해주는 캠페인이었다. 반응은 가히 폭발적

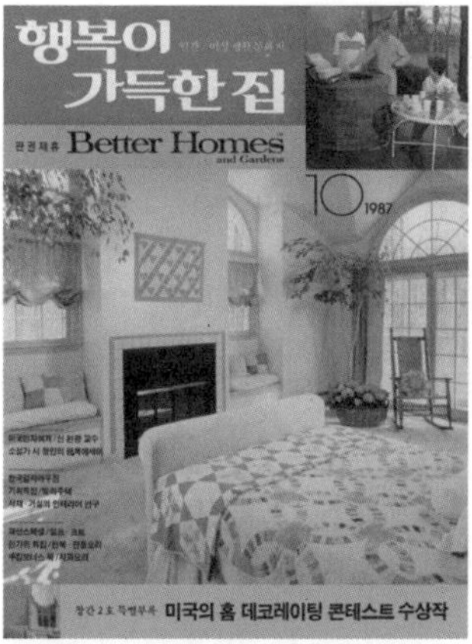

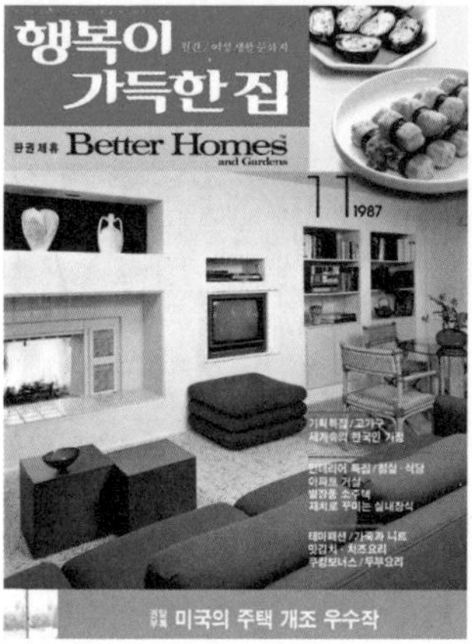

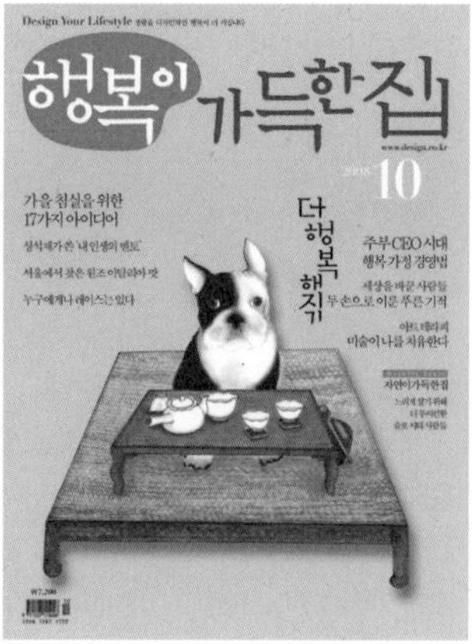

'생활을 디자인하면 행복이 더 커집니다'라는 슬로건으로 출발한 『행복이 가득한 집』이 걸어온 궤적은 한국 생활 디자인의 역사라 해도 지나치지 않다.

이었다. TV에도 소개됐고, 신청자가 쇄도했다. 1994년 3월부터는 전시를 통해 인테리어 디자인을 직접 보고 체험할 수 있는 '서울리빙디자인페어'를 시작해 지금까지 매년 개최하고 있다. 20년에 걸쳐 꾸준히 지속하여 생활 디자인의 트렌드를 한눈에 볼 수 있는 전시로 자리 잡았다. 이 행사의 로고는 디자이너 장동련(홍익대 교수)이 디자인했다.

요사이 행복이 화두다. '생활을 디자인하면 행복이 더 커집니다'라는 슬로건으로 출발한 『행복이 가득한 집』이 걸어온 궤적은 한국 생활 디자인의 역사라 해도 지나치지 않을 것이다. 디자인을 적극적으로 사회에 퍼뜨려 디자인의 대중화, 생활화에 기여해왔으니 말이다. 이제 『행복이 가득한 집』은 "인테리어, 패션, 요리, 문화와 예술에 관한 신선한 정보와 아이디어를 통해 일상을 더 멋지게 디자인하는 방법을 전파하는 잡지, 온 가족이 함께 볼 수 있는 건강한 잡지, 보는 이에게 일상의 행복과 기쁨을 전파하는 잡지"라는 평을 듣고 있다.

한국 잡지 편집 디자인의 새로운 이정표

『뿌리깊은나무』와 한글 타이포그래피

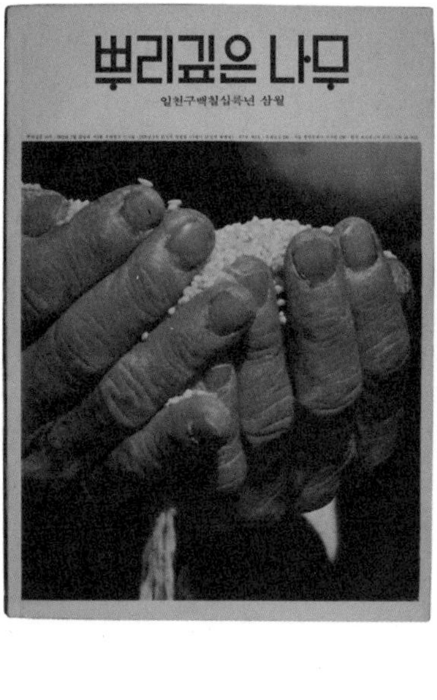

『뿌리깊은나무』 창간호(1976년 3월).
© 김선문.

1970년대 후반, 나는 서점에 자주 들러 신간을 살피고 새로 나온 잡지를 훑어보곤 했다. 그때 유별나게 눈에 띄는 잡지가 하나 있었다. 『뿌리깊은나무』라는 제목도 특이했고 내용은 더욱 신선했다. 한국 문화를 발굴하고, 그것을 세계 문화의 스펙트럼으로 재해석하려는 시도가 새로웠다. '세계의 눈으로 본 한국 문화' '한국 문화의 세계화'를 실험하는 잡지가 아닌가 싶었다. 그 정도면 한국 문화의 아이덴티티 정립 작업이라 부를 만했다. 『뿌리깊은나무』의 창간사(1976년 3월호)를 잠깐 들여다보자.

> 잘사는 것은 넉넉한 살림뿐만이 아니라 마음의 안정도 누리고 사는 것이겠습니다. '어제'까지의 우리가 안정은 있었으되 가난했다면, 오늘의 우리는 물질가치로는 더 가멸돼 안정이 모자랍니다. 곧 우리가 누리거나 겪어온 변화는 우리에게 없던 것을 가져다주고, 우리에게 있던 것을 빼앗아가는지도 모릅니다. 그러나 우리가 '잘사는' 일은 헐벗음과 굶주림에서뿐만이 아니라 억울함과 무서움에서도 벗어나는 일입니다. 안정을 지키면서 변화를 맞을 슬기를 주는 저력, 그것은 곧 문화입니다.

내용도 내용이지만 내 눈엔 무엇보다 이 잡지의 편집 디자인이 먼저 들어왔다. 일관된 정제미整齊美가 돋보였고, 전반적으로 매우 참신했다. 나중에야 그 정제된 인상을 만들어낸 것이 '그리드 시스템'이었다는 것을 알았다. 이에 대해 이 잡지의 아트 디렉터였던 이상철은 훗날 『월간디자인』과의 대담에서 이렇게 말했다.

> 디자인 분야에 한 20년간 관여하면서 『뿌리깊은나무』를 만나게 되었고, 그 창간 작업에 참여했습니다. 당시 타이포그래피에 관한 문제, 레이아웃에 관한 문제, 일을 합리적으로 하기 위한 프로세스 등에 관심을 가지고 그 방면의 책을 보기 시작했습니다. 그래서 '아, 그리드 시스템이라는 것이 있구나, 이 시스템을 도입하면 아트 디렉션을 할 때 어떤 일관성을 가질 수 있고 일도 합리적으로 할 수 있겠구나!' 하고 깨달았지요.

한국 문화의 아이덴티티를 찾기 위해 노력하고 그리드 시스템을 처음 도입한 『뿌리깊은나무』는 한국 잡지사는 물론 한국 잡지 편집 디자인의 새로운 이정표를 세웠다고 평가받는다. 여기에는 발행인 한창기의 혜안이 작용했다. 그는 "어떻게 해야 아름다워지는지는 몰라도 무엇이 아름다운지는 단박에 알아내는" 놀라운 심미안을 가진 인물이었다. 특히 편집 디자인 관해 자기 나름의 뚜렷한 주견과 감식안을 지닌 사람이었다. 그는 팸플릿에 잘못 그려진 선 하나가 그 팸플릿을 낸 기업의 사활을 결정할 수도 있다고 믿었다. 그에게 '적당히'라는 말은 통하지 않았다고 한다. 이렇게 눈썰미가 탁월했던 한창기는 오늘날 한국 문화 해석의 초석을 다

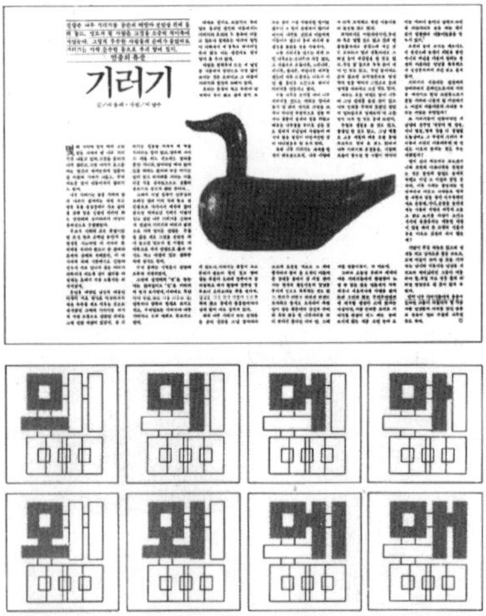

기러기

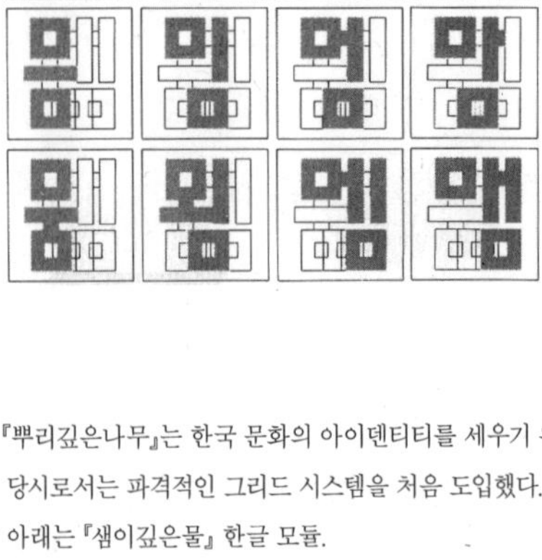

『뿌리깊은나무』는 한국 문화의 아이덴티티를 세우기 위해 노력했으며,
당시로서는 파격적인 그리드 시스템을 처음 도입했다.
아래는 『샘이깊은물』 한글 모듈.

진 인물로 평가받는다. 이상철은 한창기와 『뿌리깊은나무』가 자신에게 어떤 영향을 주었는지 이렇게 말했다.

> "한글은 소리글자다. 소리글자는 읽을 때 덩어리로 읽는다. 예를 들어 주전자의 경우 '주전자'라고 함께 읽지 '주, 전, 자'라고 한 자 한 자 읽어서 개념을 이해하는 것이 아니다"라는 한창기 사장의 주장에 영향을 받았습니다.
>
> 저는 처음에 그것이 무슨 뜻인지 이해하지 못했습니다. 그것을 시각적으로 해결하기 위해 스페이싱 작업을 하기 시작했습니다. 그때 '한국사연韓國寫硏'의 김 사장한테 그런 배경 설명을 하고 함께 여러 가지 시도를 했습니다만, 그 당시 우리가 하려던 것은 기계 조작의 한계를 초월한 것이었기 때문에 실험하지는 못했습니다.
>
> 지금 와서 생각해보면 당시 우리가 처음으로 시도했던 것은 글자와 글자가 너무 바짝 붙어서 오히려 가독성이 떨어지고 딱딱한 느낌이 드는데, 그 점을 개선하여 지금과 같은 스페이스로 정착시켰습니다. 비록 구체적으로 작업을 한 것은 없었지만 그때부터 글자꼴과 스페이싱에 관심을 가져 그 문제들을 하나씩 『뿌리깊은나무』를 통해 해결해나갔습니다.

현대 디자인은 서구에서 들어온 것이다. 서구의 디자인 문화가 우리나라에 건너와 디자이너들의 해석을 거치는 과정에서 많은 오류가 발생할 수밖에 없었다. 그런 상황에서 이상철은 편집 디자인 분야에서 서구에서 들여온 정보를 가장 정확하게 한국화시켰던 인물 중 한 명이었다. 그의 편집 디자인의 근저에는 타이포그래피 감각이 있었다. 1970년대 후반 한국 그래픽 디자인계는 이상철이라는 이름에 주목했다. 『뿌리깊은나무』를 중심으로 한 그의 활약은 한국 편집 디자인의 가능성을 보여주었고, 한글 타이포그래피의 앞날에 희망을 심어주었다. 일본의 아류에서 벗어나지 못했던 한국 편집 디자인에 조용한 혁명을 일으킨 것이다.

'이상철 스타일'은 많은 추종자들을 낳았다. 1979년에는 그를 중심으로 한글 타이포그래피 연구단체 '글꼴모임'이 생겼다. 이상철, 김진평, 안상수, 석금호, 손진성이 그 일원이었다. 타이포그래피는 훌륭한 타이프페이스를 개발해내는 것이기도 하고, 이미 개발된 타이프페이스를 잘 활용하는, 이른바 조판의 아름다움을 추구하는 것이기도 하다. 일본의 저명한 그래픽 디자이너 가메쿠라 유사쿠는 타이포그래피를 다루는 능력을 보면 그 디자이너가 가진 능력의 90퍼센트를 짐작할 수 있다고 말한 바 있다.(『월간디자인』에 연재되었던 황부용의 '이미지를 만드는 사람들' 참고.)

『뿌리깊은나무』로 정착한 '이상철 스타일'은 다시 『샘이깊은물』이라는 잡지를 통해 더욱 발전해나갔다. 그는 글꼴모임을 통해 강력하게 대두된 한글의 모듈화를 『샘이깊은물』에 과감하게 시도

했다. '밥은 빨리 먹고, 책은 느리게 읽는' 사람이었던 이상철, 그를 통해 한국의 편집 디자인은 다른 차원으로 접어들 수 있었다.

‘윈도’가 없던 시절,
새로운 편집 프로그램을 만들다

DTP 이전의 편집 시스템

1984년인가 85년쯤이었을 것이다. 내가 『월간디자인』의 데스크를 맡고 있던 그 시절, 기자들은 기사를 워드프로세서로 쓴 다음 출력해서 교정 교열을 보았다. 그때는 요즘 널리 쓰는 '한글'이나 'MS워드' 같은 프로그램이 아니라, 삼보컴퓨터에서 개발한 한글 워드프로세서 '보석글'을 사용했다. 기자들의 취재 원고뿐 아니라, 200자 원고지에 육필로 써서 들어오는 외부청탁 원고나 기고 원고도 담당 기자가 워드프로세서로 입력한 후 프린터로 출력, 교정을 보는 것이 보통이었다.

문제는 이런 작업을 거쳐 오케이 사인이 떨어진 원고를 사진식자 출력소(속칭 '사식집')에 넘기면, 거기서 그 원고를 읽으며 다시 입력하는 시스템에 있었다. 서체, 글자 크기, 행길이(행장), 자간, 행간 등을 이미 짜놓은 매뉴얼대로 지정해 넘기는데, 그렇게 조판을 해도 인화지가 출력되면 꼭 다시 교정을 봐야 했다. 사식집 오퍼레이터가 잘못 입력하는 경우가 많았기 때문이다. 인화지를 복사해 교정을 보고, 수정 사항을 표시한 복사지와 인화지를 철해서 사식집에 넘겨 다시 수정을 해도 꼭 오탈자가 생겼다. 오탈자가 몇 자 안 되면 대지 작업이 된 상태에서 끝이 뾰족한 '사식칼'로 수정을 하기도 했다. 사식기에 없는 한자는 부수를 조합해 글자를 만드는 '쪽자 작업'을 해야 했다.

불편하고 번기롭기 짝이 없었다. 틈만 나면 좋은 수가 없을까 궁리했다. 워드프로세서로 작업한 최종 원고를 저장한 플로피 디스크를 바로 사식기에 걸어 출력하면 안 될까? 그러면 번거로운 인화지 교정을 안 해도 되고, 대지 교정에서는 텍스트를 볼 필요가 없을 텐데…….

그때 문득 회사의 전산실이 떠올랐다. 전산실이라고 해봤자 직원 한 명, 외부 전문가 한 명뿐이었고, 게다가 그 두 사람은 영업부의 독자 관리 시스템 개발에 한창이었다. 일단 외부 전문가로 와 있던 프로그래머에게 물어보자, 뜻밖에도 가능할 것 같다는 답이 돌아왔다. 반가운 마음에 나는 바로 사장의 재가를 받아 새로운 프로그램 설계를 의뢰했다.

몇 달 후 프로그램이 완성됐고, 편집 과정의 효율성은 몇 배나 좋아졌다. 시간과 인력이 절약되자 생산성도 절로 높아졌다. 이 시스템을 개발한 프로그래머 한규면은 서강대 전자공학과를 중퇴하고 컴퓨터 프로그래밍에 몰두해온 인재로, 그 덕분에 편집자들의 큰 고민이 단숨에 해결될 수 있었다.

지금은 흔하디흔한 컴퓨터 운영 시스템인 '윈도Window'도 나오기 전이었고, 'DTPDeskTop Publishing'도 없던 시절이었다. 새로운 편집 시스템 개발 소식이 알려지자 여러 매체에서 관심을 보여 기사화됐고, 이후 많은 잡지사에서 이 프로그램을 구입해 사용하기 시작했다.

매킨토시의 DTP 프로그램은 1990년대에 한국에 도입되었고, 그것을 최초로 사용한 잡지사는 뿌리깊은나무사였던 것으로 기억한다. 당시 『뿌리깊은나무』는 폐간됐고, 여성지 『샘이깊은물』을 발행하고 있었다. 매킨토시를 배우고 익히려고 부러 뿌리깊은 나무사로 이직하는 편집 디자이너도 있을 정도였다.

한국 디자인의 원형 탐구

'문화와 디자인' 세미나

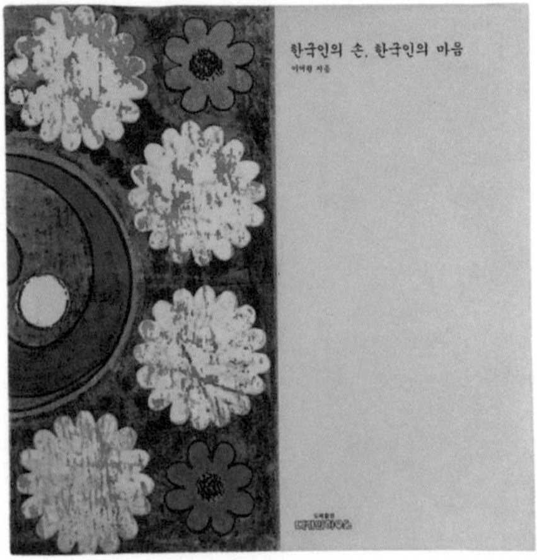

이어령, 『한국인의 손, 한국인의 마음』, 디자인하우스, 1996.

1980년대 중반, 미국의 시사주간지 『타임』이 커버스토리로 '일본의 디자인'을 다룬 적이 있다. 그들은 일본 디자인은 지금 황금시대를 구가하고 있다고 평했다. 일본은 '일본 스타일의 디자인'을 개발했고, 그것의 특징은 옛것(전통)과 새것(현대)이 교배되어 나온 새로운 종자라는 것, 그리고 동양과 서양의 혼효混淆에 있다고 했다. 나아가 세계적으로 명성을 떨치고 있던 일본 디자이너들도 함께 소개했다.

그즈음 『월간디자인』은 창간 10주년 기념 세미나를 준비 중이었다. 세미나의 취지는 모방에 치우친 감이 없잖아 있던 당시 한국 디자인의 현실을 타개하고, 어떻게 하면 '한국 스타일'을 창조할 것인가를 모색함과 아울러, 한국 디자인의 원형이라 할 수 있는 한국의 정신과 혼을 발견해보자는 것이었다. 주제는 '문화와 디자인'으로 정하고 주제 발표자를 누구로 할까 고심했다. 디자인계 사람 중에 고르려다가 문득 북 디자이너 정병규에게 들은 이야기가 생각났다. 이화여대의 이어령 교수가 JAGDA(일본그래픽디자인협회) 초청으로 일본 디자이너들 앞에서 한글을 주제로 강연을 한 적이 있다는 것이었다. 이미 『축소지향의 일본인』이란 책을 내 한국뿐 아니라 일본에서도 화제가 됐던 이어령 교수가 발표자로 제격이었다. 그에게 전화를 걸었다. 그는 한국에 '디자인' 잡지가 있다는 걸 모르고 있었다. 그래서인지 반색을 하며 쾌히 승낙했다.

1986년 가을 서울 프레스센터에서 세미나가 열렸다. 많은 사람들이 모였다. 방송과 신문에서도 취재를 오는 등 사회의 관심도 컸다.

이어령 교수는 모방과 창조의 경계, 한국 정신, 한국 혼을 발굴하려면 어떻게 해야 하는지, 한국 스타일이란 무엇인지 등을 설파하며 쾌도난마로 엉킨 실타래를 풀어주었다. 마지막으로 21세기 한국 디자인의 미래는 밝을 것이라고 전망하며 발표를 마무리했다. 그중 몇몇 주요 대목을 돌이켜보면 다음과 같다.

> 우리 주위에서 '한국인의 디자인 의식을 강조하기 위해서' 색동옷, 원삼 족두리 등 조선조의 디자인이 그대로 오늘날의 디자인계에 침범하는 경우를 왕왕 볼 수 있습니다. 이런 것은 엄밀히 말해 디자인이 아닙니다. 디자인의 기피죠. 조선조 때는 그 시대에 맞는 훌륭한 디자인을 만들었는데, 옛날 사람들이 원삼 족두리, 색동옷을 만들었듯이 우리 시대에 맞는 디자인을 해야 할 우리는 왜 옛날의 디자인을 그대로 훔쳐오느냐는 이야기입니다. 그것은 절대로 원형의 디자인 감각이 아닙니다.
>
> 또 반대로 뉴욕, 동경 등의 디자인을 그대로 모방하는 경우도 있는데, 이것도 아닙니다. 훔치는 면에선 똑같은 것이죠. 이런 사람들은 디자인 감각이 없는 사람들입니다. 디자인 감각이란 항상 혁명입니다. 보수적인 디자인이란 존재하지 않습니다. 왜? 끊임없

이 우리의 눈이, 귀가, 머리가 움직이고 있기 때문에 멈춰서서 하는 것은 디자인이 아닙니다.

책상 서랍을 디자인할 때도 서양과 동양은 그 근본적 발상부터가 다른 것이죠. 서양에선 주로 드로어Drawer, 즉 빼는 것, 빼는 기능을 생각합니다. 일본의 경우도 마찬가지입니다. 그러나 책상 서랍을 빼면 또 닫아야 하지 않습니까. 이 사람들은 빼는 기능만 생각하고 닫는 건 생각 못하는, 양면성이 없는 디자인을 한 사람들입니다. 우리나라에서는 빼고 닫는 기능을 모두 생각해 '빼닫이'라고 했습니다. 그러므로 한국 사람의 디자인 감각은 양면성, 가동성이 있다고 할 수 있겠습니다. 열고 닫는 미닫이, 빼고 닫는 빼닫이, 만들고 부수는 병풍 등에서 볼 수 있듯이 말입니다. 이러한 '병풍 문화'를 가졌느냐 그렇지 못하냐에 따라 그 문화가 플렉시블Flexible한 디자인을 가졌는지 그렇지 못한지를 알 수 있다는 것입니다.

이불을 펴고 개는 것, 문을 열고 닫는 것, 이런 양면적 기능을 가진 것이 한국 사람의 원原기호, 원문화 감각이었다는 것입니다. 한편 서양에서는 외골수로 하나를 버리고 하나를 찾는다—닫을 때는 완전히 여는 것을 배제하고 열 때는 닫는 것을 배제해버리는 원문화 감각을 가지고 있습니다.

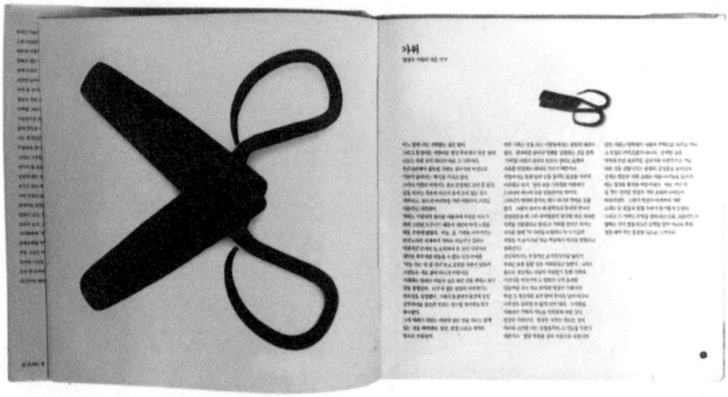

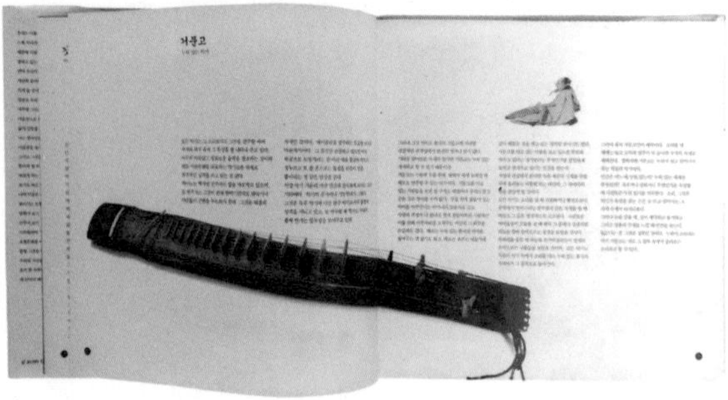

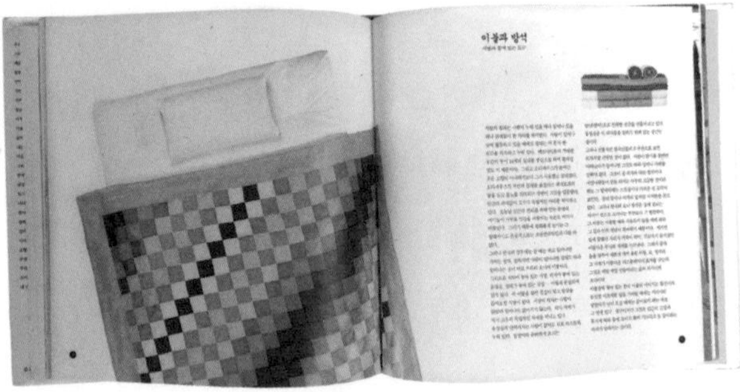

한국인의 원디자인 감각, 원문화 감각을 새삼 일깨워준 책.

우리 디자인이 세계적인 것으로 발전하기 위해선 결국 디자인의 기술보다는 '발상법'을 동양 문화에서 가져오자는 것입니다. 서양 사람을 이길 수 있는 것은 동양적 발상법입니다. 21세기는 동양적 발상법이 승리할 것입니다. '눈이 녹으면 물이 된다' 하는 서양식 로고스 중심 사고는 '눈이 녹으면 물이 된다' '눈이 녹으면 봄이 된다' '눈이 녹으면 땅이 질어진다'라고 확산적으로 생각하는 동양 사고를 따를 수 없습니다.

우리는 우수한 원디자인 감각, 원문화 감각을 가진 민족입니다. 서양 것을 배우되 모방하지 말고 우리 것을 아끼되 그대로 쓰지 않으려 노력해야 할 것입니다. 지금은 어려운 여건 속에 있지만 앞으로 각 디자이너들이 한국인의 슬기를 가지고 서양의 앞선 점을 배워 우리의 보자기로 싼다면 21세기에는 한국 디자인이 곧 세계 디자인의 첨단을 의미하는 말이 될 수 있을 겁니다.

이 강연이 계기가 되어, 훗날 같은 주제의 예화例話를 더욱 다양화하고 확대해 사진과 함께 보여주는 책 『한국인의 손 한국인의 마음』이 나오기도 했다. 이 책은 영문판도 동시에 발행됐으며, 2004년 개정판이 나왔다.

김치처럼 정성 들여 담근 '김치 인문학'

『김치 천년의 맛』을 만들기까지

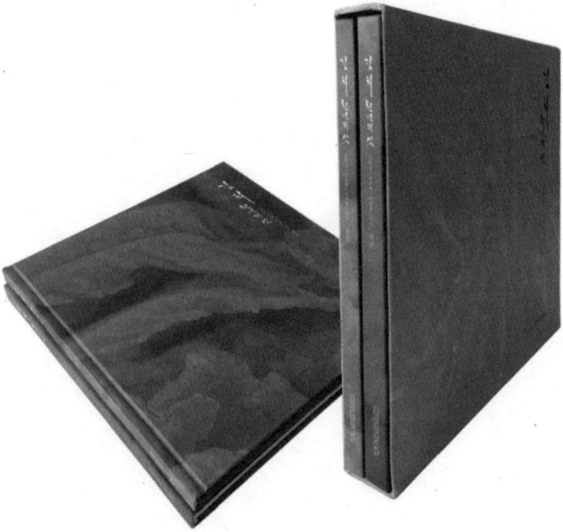

김만조 이규태 이어령, 『김치 천년의 맛』, 디자인하우스, 1996.

1990년대 후반, 김치가 일본의 '기무치'로 둔갑할지도 모르는 기로에 서 있던 때였다. 어느 식품 관련 국제단체에서 김치 맛의 표준을 정하려 하자, 일본이 발 빠르게 나서서 자기네식의 김치 맛을 글로벌 스탠더드로 만들기 위해 외교 공세를 퍼부었다. 자칫 김치의 원조가 일본이 되고 그 용어도 '기무치'로 정해질지도 모르는 판국이었다. 고려 인삼이 '진생'으로 불리게 된 것처럼 말이다.

많은 이들이 위기의식을 느꼈다. 누구도 넘볼 수 없는 김치 책을 만들어 김치의 원조는 한국임을 분명히 해두자는 목소리가 나왔다. 책 기획에 들어갔다. 김치의 역사와 문화를 아우르는 '김치 인문학'을 집필 방향으로 정하고, 필진은 당대 한국학의 대가로 명성이 높았던 이어령 교수와 이규태 선생, 그리고 오랫동안 김치를 연구해온 재미 '김치학자' 김만조 선생으로 정했다. 김치를 세계에 널리 알리는 한국학 책을 만드는 것이 목표였다. 이 책을 만드는 데 식품회사의 후원을 받으면 좋겠다는 의견도 나왔다. 먼저 제일제당(지금의 CJ)을 찾아가 책의 기획 의도를 설명하고 후원 조건을 제안했다. 제일제당 측에선 흔쾌히 수락했고, 판권에 '이 책은 제일제당의 후원으로 만들어졌습니다'라는 문구를 명시하기로 했다.

책의 얼개가 어느 정도 완성되자, 편집 디자인에 대한 밑그림을 그리기 시작했다. 읽는 책으로서뿐만 아니라 보는 책으로서의 매력도 충분히 살려보기로 했다. 페이지를 넘기며 텍스트와 사

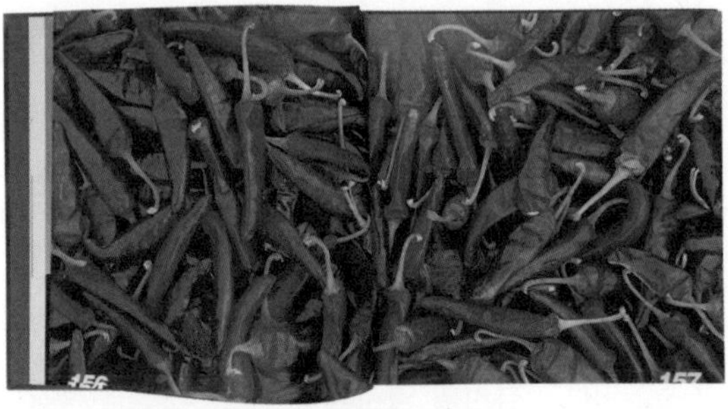

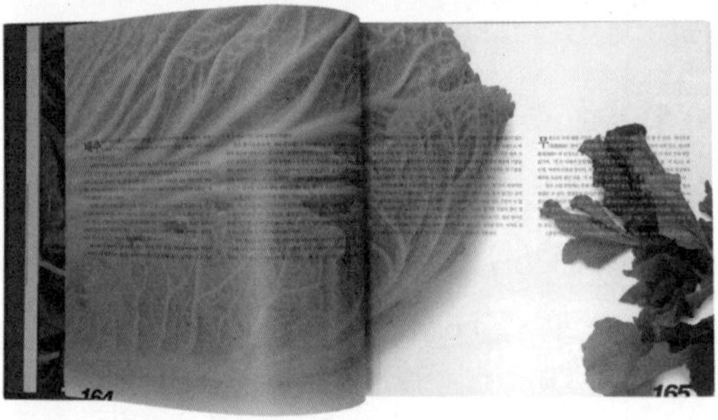

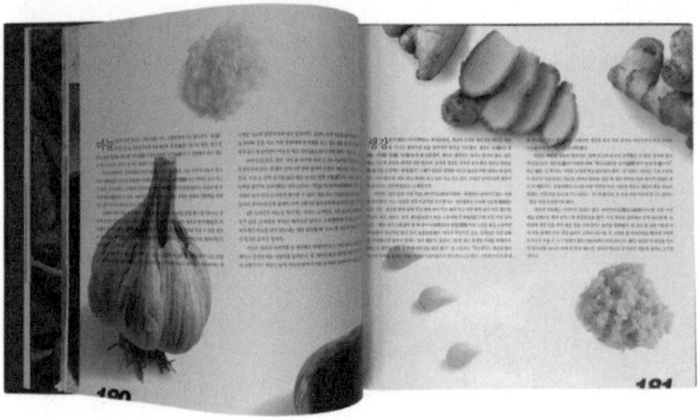

김치의 원형을 생생하게 재현하기 위해 많은 시간과 노력을 기울였다.
무거운 카메라 장비를 짊어지고 강원도 고랭지 배추밭 등지로 찾아가 촬영을 하고,
궁중요리 연구가인 황혜성, 한복려 씨에게 부탁해 100여 종의 김치를 담갔다.

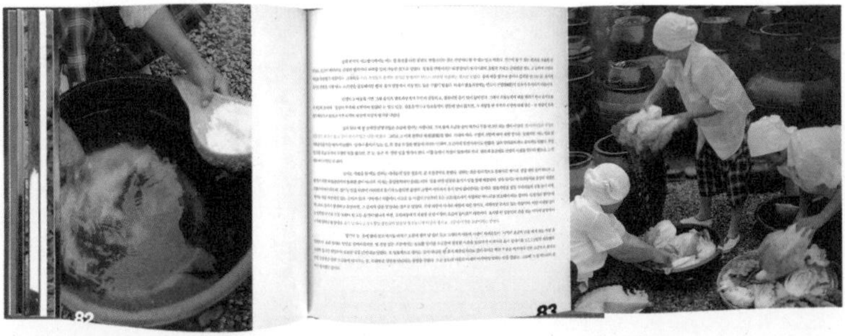

82
83

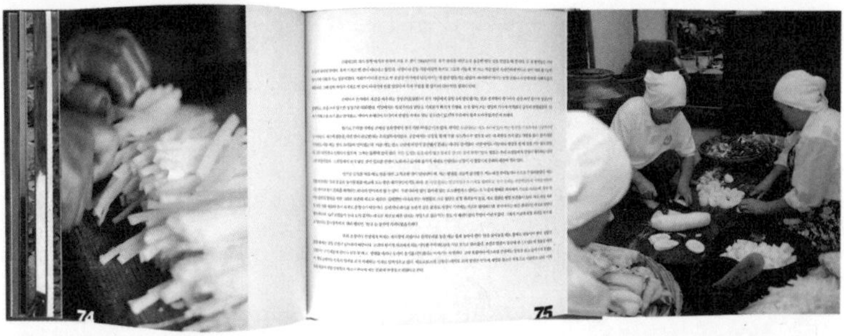

74
75

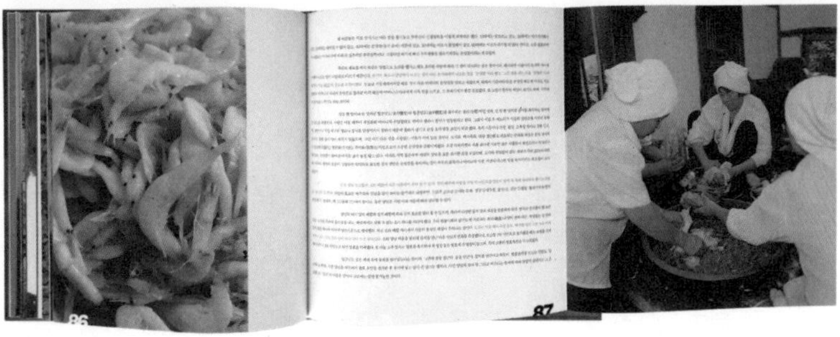

86
87

진과 그림의 배치를 훑어보기만 해도 김치의 역사와 한국 문화의 흐름이 파노라마처럼 느껴지도록 하기 위해서였다. 김치 책을 낸다는 소문이 퍼지자 디자인을 해보고 싶다는 디자이너들이 꽤 많았다. 한국 스타일의 디자인을 마음껏 표현해볼 좋은 기회였기 때문이다. 고심 끝에 젊은 나이에 비교적 참신한 디자인 언어를 구사하는 홍동원 글씨미디어 대표에게 일을 맡기기로 했다.

원고가 들어오고 본격적인 편집 작업에 들어갔다. 북디자인의 키포인트로 '오방색'을 주문했다. 김치는 오미五味, 즉 짠맛 쓴맛 신맛 매운맛 단맛의 다섯 가지 맛이 조화된 발효음식이므로 그에 맞춰 '오색五色의 우주관'을 지닌 한국의 전통을 살리고자 했다. 한국 스타일을 재창조해보자는 의도였다.

한국 스타일을 만들고 김치의 원형을 생생하게 재현하기 위해 편집에 많은 시간과 노력이 들어갔다. 무거운 카메라 장비를 짊어지고 강원도 고랭지 배추밭 등지를 찾아다니며 촬영을 했고, 궁중요리 연구가인 황혜성, 한복려 씨에게 부탁해 100여 종의 김치를 담갔다. 김치를 담을 그릇은 전통 그릇 회사의 도움을 받아 구했고, 음식의 세팅에도 세심한 주의를 기울였다. 책을 만드는 여정 자체가 정성 들여 김치를 담그는 과정과 매한가지였다. 최고의 결과물을 내놓아 천년을 살아 숨 쉬며 이어진 김치가 우리, 즉 한국의 것임을 누가 보아도 알 수 있게 만들고 싶었다.

제목은 『김치 천년의 맛』으로 정했다. 작업하는 동안 편집자와 디자이너의 호흡은 좋았다. 제책 방식에서 약간 삐걱거리긴 했으나, 대수로운 문제는 아니었다. 오랜 여정 끝에 드디어 책이 두 권 한 세트로 탐스럽게 탄생했다. 1996년이었다. 한글판과 동시에 영문판도 출간되었다. 영문판 제목은 『Kimchi, Thousand Years』, 영문 번역은 게리 렉터라는 미국인이 했다. 서울에 살면서 '애로우'라는 번역회사를 운영하고 있던 렉터는 한국어에 능통했을 뿐만 아니라, 한국 문화에도 조예가 깊었다. 한국식 이름은 유게리였다. 그는 브라이언 배리, 존 홀스타인과 더불어 한국학 번역자로 정평이 나 있었다. 『김치 천년의 맛』은 한국출판문화상을 수상하는 등 큰 호평을 받았으며, 해외에서도 좋은 반응이 이어졌다. 일본에도 번역 출간됐을 정도다.

천연天然의 김치, 그 천년千年의 맛에 매료되어 미국 대통령 부인 미셸 오바마도 직접 기른 채소로 김치를 담근다는 보도가 날 정도로, 이제 김치는 세계인의 주목과 관심을 받는 음식 중 하나가 됐다. 장구한 세월 동안 익어온 김치는 한국을 대표하는 브랜드가 되었고, 그렇게 되는 데 『김치 천년의 맛』도 미약하나마 일조했으리라 믿는다.

어린이 그림책은 어린이의 시각으로

그림책 일러스트레이션에 관한 최초의 담론

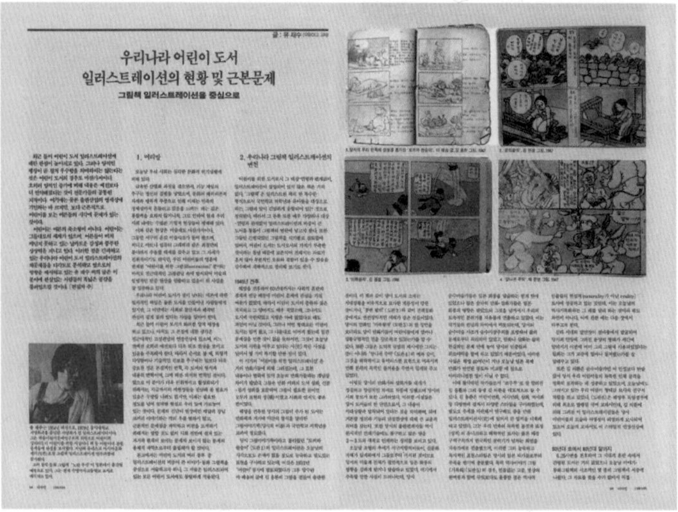

글 : 류 재수

우리나라 어린이 도서 일러스트레이션의 현황 및 근본문제

그림책 일러스트레이션을 중심으로

1. 머리말

2. 우리나라 그림책 일러스트레이션의 변천

『월간디자인』 1985년 5월호에 실린 어린이 그림책에 관한 기사.

1985년 봄, 『월간디자인』은 어린이날에 맞춰 다양한 기사를 기획했다. 그 가운데 화가이자 일러스트레이터였던 류재수가 기고한 글이 특히 기억에 남는다. 숙명여고 미술교사로 일하면서 평소 어린이 그림책에 관심이 많았던 그는 아이들과 함께 그림책 워크숍 '내가 만든 그림책 놀이'를 하는 등 의욕이 남달랐다.

류재수는 그의 형의 소개로 알게 된 사이였다. 『섬유예술』이란 책을 밤을 새워 작업하면서 고락을 함께했던 섬유예술가 류재구 씨가 그의 형인데, 어린이날 기획 기사 이야기를 듣고 동생을 필자로 추천한 것이다. 그리하여 우리나라 어린이 그림책에 대한 본격적인 담론으로는 최초라 할 수 있는 기사를 『월간디자인』에 싣게 되었다. 파격적으로 20쪽가량의 지면을 할애했다. 편집회의에서 부정적인 의견도 나왔지만, 그대로 진행하기로 했다.

소파 방정환 선생이 '어른'에 대응한 인격체로서 아동을 정의하고자 '어린 사람'이란 의미로 '어린이'란 말을 만든 동기도 그러했겠지만, "어른의 시각에서 벗어나 어린이의 시각으로 그림책에 접근해야 한다"는 것이 류재수의 주장이었다. 당시 담당 편집자는 이런 말을 덧붙였다.

> 어린이는 어른의 축소형이 아니다. 어린이는 그들만의 세계가 있으며, 어른들이 미처 깨닫지 못하는 날카로운 감성과 풍부한 상상력을 지니고 있다. 우리나라 어린이 도서 일러스트레이션의 제

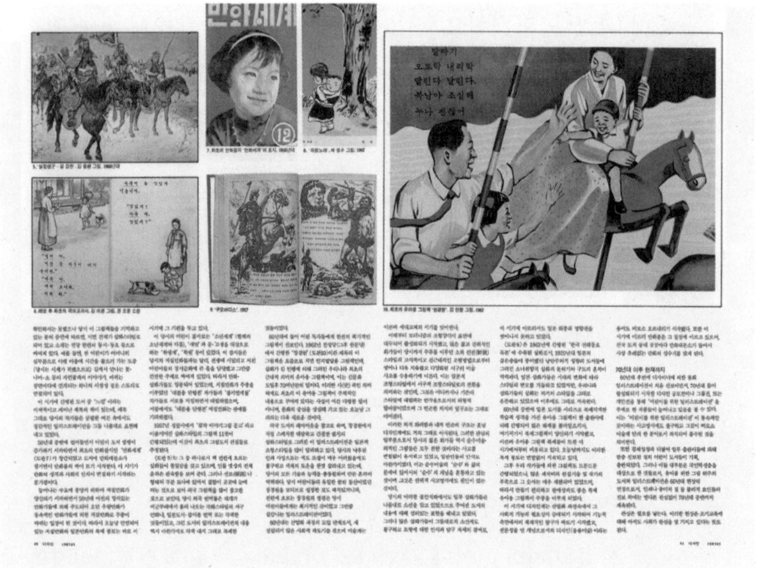

1985년 『월간디자인』은 어린이날 기획 기사에 화가이자 일러스트레이터이며 당시 숙명여고 미술교사였던 류재수의 글을 실었다. 이는 우리나라 어린이 그림책에 대한 최초의 본격적인 담론이었다.

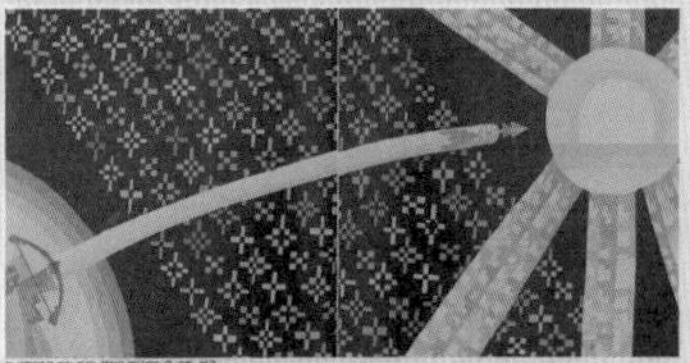

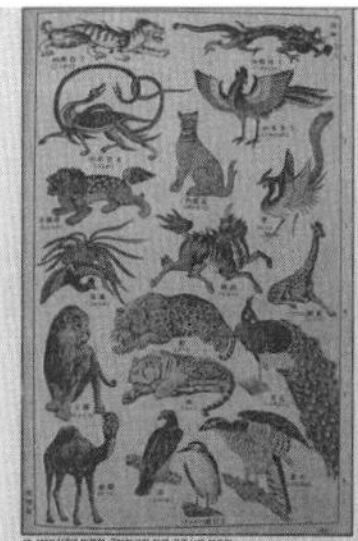

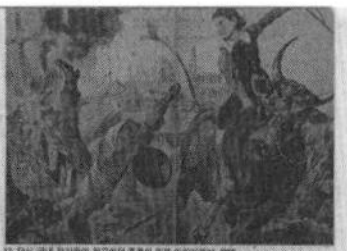

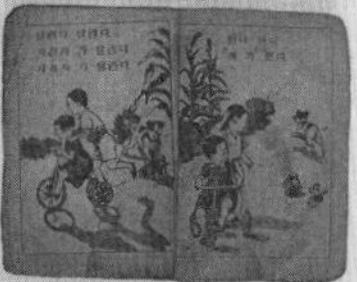

문제들을 다각도로 분석하고 앞으로의 방향을 제시한 류재수 씨의 글은 이 분야에 관심 있는 사람들의 폭넓은 공감을 불러일으킬 것이다.

어린이의 시각, 그것은 꿈과 상상이며, 창조의 원천이다. 우연하게도 같은 해 태평양 건너 미국에서는 이런 개념이 현실화되고 있었다. 매사추세츠 공과대학MIT에서 '어린이의 상상력을 현실로'라는 캐치프레이즈를 내걸고 유치원을 설립한 것이다. 이름은 'Lifelong Kindergarten', 즉 '전 생애 유치원'으로, '세계 제일의 아이디어 공작소'라 불리는 MIT 미디어랩에서 설립했다. 콘셉트도 명확했다.

"우리가 평생에 걸쳐 알게 되는 모든 것은 유치원에서 배운다고 해도 과언이 아니다. 유치원 이후로는 지식을 가르치지만 창의력은 가르치지 않는다."

이 '놀이터'에선 노벨상 수상자 등 저명한 과학자들로 구성된 연구원들이 '유치원생'이 되어, 창의적이고 기발한 아이디어를 길어내려는 시도가 이루어졌다.

어린이 그림책도 그런 '놀이터' 중 하나라고 할 수 있다. 류재수 역시 그림책을 그런 관점으로 바라보았다. "각 세대는 그 세대 나름의 세계가 있다. 모든 것이 가능한 풍부한 상상의 세계를 구현하는 것이 어린이 그림책"이라는 것이 그의 주장이었다. 이어서 "지금 우리나라 그림책은 어린이의 시각이 결여되고 어른들의 생각이 지배하고 있다"고 분석하며, 어린이 그림책은 그 주인공인 어린이의 시각, 풍부한 상상의 세계로 돌아가야 한다고 주장했다. 기사가 나가자 뜨거운 반응이 돌아왔고, 류재수가 제시한 새로운 시각은 이후 우리나라 어린이 그림책이 변화하는 데 많은 영향을 끼쳤다.

류재수는 훗날 『노란 우산』이란 창작동화책을 썼으며, 이 책은 『뉴욕타임스』가 선정한 '올해의 우수 그림책 10권'(2002)에 들기도 했다. 『노란 우산』에는 글은 없고, 다양한 우산 이미지들로 가득하다. 점점 늘어나는 우산을 보여주는 것만으로 내러티브를 구축하고, 보는 사람이 마음껏 상상할 수 있는 여지를 준다. 그 자신이 열성적으로 외치던 어린이 그림책의 이상향을 스스로 만들어 보여준 셈이다.

이미지와 재미있게 만나는 법

'재미마주'와 우리 그림책

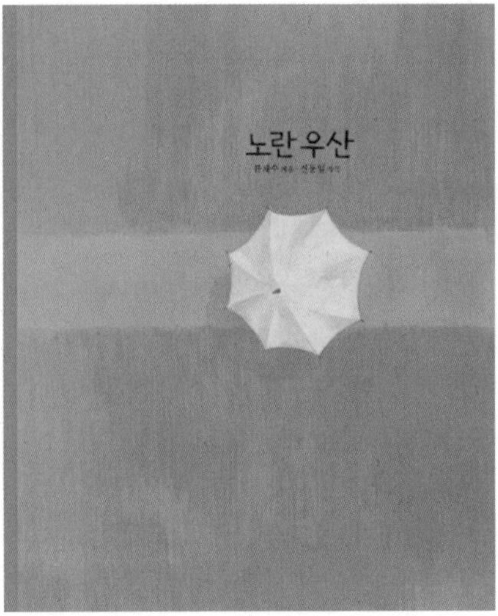

류재수, 『노란 우산』, 재미마주, 2001.

1990년 가을, 프랑크푸르트 도서박람회에 참관하기 위해 독일로 향했다. 그날(10월 3일)은 마침 독일이 통일된 날이었다. 독일 하늘은 청명했다. 기분이 묘했다. 10월 3일은 우리나라의 개천절이기도 했기 때문이다.

프랑크푸르트 도서박람회는 어마어마한 전시장 규모가 놀라웠고, 세계 각국에서 온 수많은 책들의 행렬은 나를 압도했다. 마치 수많은 별들이 반짝이는 우주 쇼를 감상하는 것 같았다. 사흘에 걸쳐 둘러보았지만, 모든 것을 보기엔 시간적으로나 체력적으로나 무리였다.

중간에 한국관에 들렀는데, 부스 입구에 걸린 대형 그림이 눈에 들어왔다. '물방울 화가'로 유명한 김창렬 작가의 작품이었다. 그때 한국 출판사로서는 드물게 그래픽 디자이너 안상수가 설립한 '안그라픽스'가 단독 부스를 갖추고 있었다. 둘러보니 『한국의 문양』(영문판) 등을 전시하고 있었다. 세계 시장에 한국의 문화와 정서를 전파하려는 모습이 마치 개척자처럼 보였다. 여러 나라에서 온 바이어들로 꽤 붐볐던 것이 지금도 기억에 생생하다.

도서박람회 참관 일정을 끝낸 다음 기차를 타고 파리로 향했다. 국경을 넘으면서 독일과 프랑스의 차이점을 자연에서도 느낄 수 있었다. 산악 지대가 많은 독일을 벗어나 프랑스로 진입하니 창밖 가득 들판이 펼쳐지는 것이 이채로웠다. 파리에 가자마자 그곳에서 유학 중인 이호백 씨를 만났다. 그의 부인은 북디자인 학교로 유명한 '에콜 에스티엔'에서 공부하고 있었다. 나는 그 부부가 갓난 아들과 함께 사는 자그마한 아파트에 여장을 풀었다.

이후 두 사람의 안내로 파리의 '교보문고'라 할 수 있는 대형 서점 '프낙Fnac' 등을 둘러보며 프랑스 출판 시장을 살펴보고, 그들과 한국 출판의 비전과 디자인에 대해 끊임없이 이야기를 나누었다. 서울로 돌아와서도 이호백 씨와 계속 통화를 주고받으며 인연을 이어가던 중, 유학을 마치고 곧 귀국할 예정이라는 소식을 들었다. 부부는 한국에서 '재미마주'란 이름으로 어린이를 위한 '이미지 놀이터'를 만들 계획이라고 했다.

'재미마주'라니, 이름부터 참 독특했다. 뜻을 물었더니 '이미지와 만나는 즐거움'을 의미하고, 우리말로는 '재미있게 마주한다', 프랑스어로는 'J'aime image', 즉 '나는 이미지를 좋아한다'라는 뜻이라고 했다. '재미'란 말과 프랑스어 '이마주Image'를 붙여보다가 우연히 떠올렸다고. 어린이 그림책 전문 출판사 '재미마주'는 그렇게 탄생했다. 1994년이었다. 이호백 대표는 훗날 인터뷰에서 재미마주를 설립한 동기를 이렇게 말했다.

> 동화책에 온통 외국 캐릭터와 외국적 이미지가 넘쳐나던 당시 우리 아이들에게 줄 수 있는 우리만의 비주얼이 없을까 고민했고, 그 고민이 지금의 내가 하고 있는 일로 이어졌습니다. (중략)
>
> 어린이 눈높이에 모든 메시지와 조형적 원리를 맞추려는, 말하

> 자면 '어린이 책은 이러이러하다'는 선입견에 의한 가공적 상품 개발을 부정하고, 어린이와 함께 이미지를 통해 대화하기 위해서는 어른과 어린이가 함께 느끼는 동시적인 삶에 대한 생각과 우리의 역사와 정서 속에 흐르는 통시적 생각 없이는 불가능하다는 각성을 했습니다. 예를 들어 우리나라 조선 시대의 미감을 책에서나마 어린이들과 또 이 시대를 사는 어른과 같이 호흡할 수 있는 그런 책을 만들고 싶었습니다.
>
> —『월간디자인』 2004년 5월호 중에서

외국산 캐릭터와 이미지가 넘쳐나던 시절, 어린이들에게 우리의 시각에서 탄생한 이미지를 보여주려 한 그의 시도는 재미마주를 통해 조금씩 현실화됐고, 마침내 한국 어린이 그림책의 지형을 바꿔놓았다. 재미마주는 한국의 전통그림을 새롭게 편집하고, 전래동화의 방향성을 색다르게 기획하여 출판계에 신선한 충격을 주었다. 거기서 그치지 않고 우리 그림책으로 세계시장에 도전, 1996년부터 매년 이탈리아 볼로냐 국제아동도서전에 단독 부스를 열어 한국 창작 그림동화책을 열정적으로 소개하고 있다.

그 결실이라고 해야 할까. 2002년에는 우리나라 그림책으로는 최초로 류재수의 『노란 우산』이 『뉴욕타임스』에서 선정하는 '올해의 우수 그림책 10권'에 들어 『해리 포터』에 이어 2주 동안 인터넷 서점 아마존닷컴에서 어린이책 부문 베스트셀러 2위를 기록

했다. 2003년에는 이호백 대표가 직접 그린 그림책 『도대체 그 동안 무슨 일이 일어났을까?』가 선정되는 영예를 안았다.

2006년에는 『마법에 걸린 병』(고경숙)이 어린이책의 노벨상이라 불리는 볼로냐 국제아동도서전의 픽션 부문 '라가치Ragazzi 상'을 받았다. 한국 그림책으로는 2004년 『지하철은 달려온다』(신동준, 초방책방)와 『팥죽 할멈과 호랑이』(이상교 글, 김성민 그림, 웅진씽크하우스)에 이은 두 번째 쾌거였다. 이 상을 받고 이호백 대표는 수상 소감에서 이런 말을 했다.

> 한국의 전통적 요소가 들어 있다고 세계시장에서 무조건 팔리는 건 아닙니다. 언제 어디서나 보편적으로 공감할 수 있는 이야기 구조와 최고 수준에 달하는 그림의 완성도를 갖춰야 하고, 현지 마케팅을 가장 잘해줄 수 있는 출판사는 어디인지 치밀한 분석이 필요합니다. 재미마주가 1995년부터 볼로냐 도서전에 한 해도 거르지 않고 참가하면서 유럽의 출판 관계자들과 쌓아온 신뢰도 무시할 수 없습니다.

'문학과 예술을 고루 담은 그림책'을 지향하는 재미마주는 어린이 그림책을 위한 언어는 이미지라고 믿는다. 그래서 '재미마주'인 것이다. 이미지를 좋아하고 사랑하기에, 아이들을 위한 책을 그토록 꾸준히, 성심껏 만들어올 수 있었으리라.

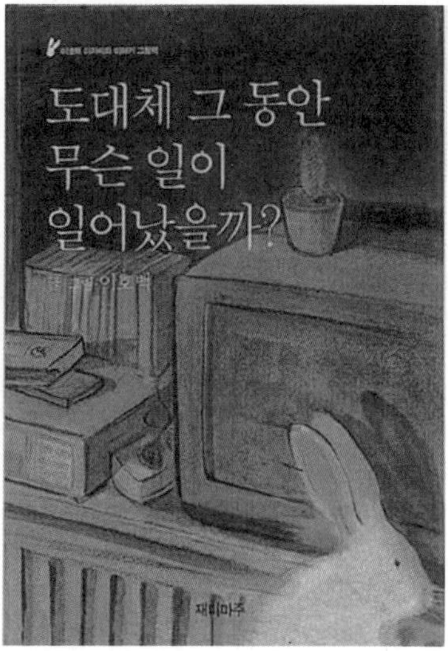

이호백, 『도대체 그 동안 무슨 일이 일어났을까?』, 2000, 재미마주.

한국판 미술공예운동을 꿈꾸다

『월간공예』의 시작과 끝

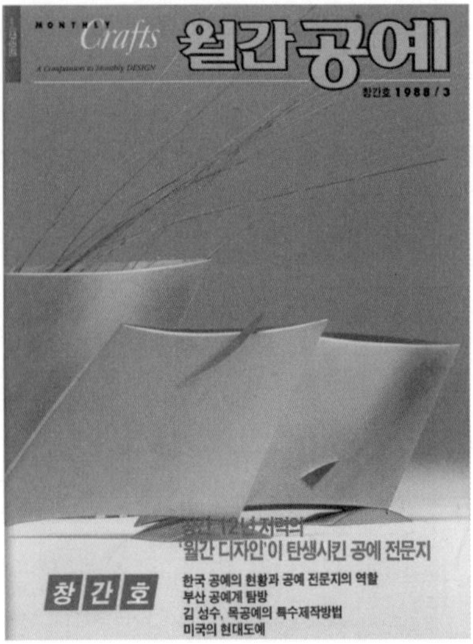

『월간공예』 창간호(1988년 3월).

서울올림픽 개최가 코앞에 닥친 1988년 초봄, 온 나라가 올림픽 막바지 준비에 한창이었다. 모두가 '벽을 넘어서, 손에 손 잡고'를 외치며 '세계 속의 한국, 한국 속의 세계'를 꿈꾸었다. 오천년의 유구한 역사와 문화를 가진 한국이 조용한 아침을 뒤흔들며 화려한 용틀임을 하고 있었다. 찬란한, 그러나 잘 알려지지 않은 한국 문화를, 그리고 그 원형인 한국의 정신과 혼을 발굴하고 구체화하려는 시도가 여기저기서 일어났다. 서울올림픽을 문화 올림픽으로 승화시키려는 노력의 일환이었다.

그즈음 잡지 『월간공예』가 창간됐다. 『월간공예』는 인류 문화의 커다란 줄기 중 하나인 '공예'를 통시적·공시적으로, 거시적·미시적으로, 전통적·현대적으로 다루는 잡지를 표방했다. 문화란 본디 거칠고 야성적이며 조야한 자연을 인간의 이성과 감성, 상상력으로 경작하여 가꾸고 발전시키는 행위, 즉 '문명으로의 변화'(文化)를 말한다. 문화를 뜻하는 영단어 'Culture'도 '경작'이란 의미를 가진 라틴어에서 유래했다. 문화를 일구어나가는 수단이 곧 도구다. 그래서 인간을 '호모 파베르Homo faber', 즉 '도구나 물건을 만들어 사용하는 자'라 부르기도 하는 것이다. 나아가 그것들을 만들 수 있는 지혜를 가진 자를 뜻하는 '호모 사피엔스Homo sapiens'라는 말은 인간을 가리키는 용어로 널리 쓰이고 있다.

흔히 문화 형성과 발전의 과정을 논할 때 도구와 기술의 변천을 중심으로 석기 시대, 청동기 시대, 철기 시대 등으로 나눈다.

도구와 기술의 개발 정도가 시대를 구분하는 척도인 셈이다. 공예 역시 문화의 척도 중 하나다. 공예는 '물건을 만드는(工) 기술(藝)'이기 때문이다. 공예란 말은 아주 오래 전 고대부터 사용됐는데, 당시에는 예술 개념을 총괄하는 것이었다. 그러다가 차차 실용적 목적을 지닌 미적 제품으로 그 정의가 한정됐다.

공예는 하나의 물건이 한 사람의 감수성으로 처음부터 끝까지 유기적으로 제작되는 것을 뜻한다. 19세기 후반, 영국의 윌리엄 모리스는 산업혁명이 일어나면서 인간의 감수성과 물건의 유기적 관계가 급속히 손상되어 생활용품의 품질, 즉 디자인의 질이 떨어졌다고 주장하며 공예를 부흥시켜야 한다는 취지로 '미술공예운동'을 펼쳤다. 모리스는 산업혁명으로 망가진 인간성과 아름다움을 회복하고, 인간 소외 현상과 생활의 질적 저하를 개선할 해답으로 미술공예를 제안했다. 그는 미와 실용이 수공업 내에서 하나로 어우러져 있던 중세사회를 이상적 세계로 보고 그 부흥을 꾀했다. 이 운동은 유럽 각국으로 퍼져 근대 디자인 운동의 원점이 되기도 했다. 아시아에서는 일본의 공예나 민예운동에 큰 영향을 끼쳤고, 일제 강점기에 야나기 무네요시 같은 학자와 선구적 미술사학자 고유섭 등을 통해 한국공예의 재발견이 이루어졌다. 이 흐름은 광복 후에도 이어져 1949년 국전공예부가 생겼으며, 그것이 한국 디자인의 모태가 되었다.

우리나라는 1960년대부터 본격적으로 산업화의 길을 걸으면서 디자인도 함께 발전했는데, 디자인의 정신과 혼, 그리고 장인 정신을 공예에서 찾고자 했다. 직관적이고 유기적인 공예의 전통에서 디자인의 질적 향상을 모색했던 것이다. 그런 의미에서 『월간공예』 창간은 한국에서 일어난 소박한 '미술공예운동'이라 할 수 있겠다.

> 일본의 자동차가 세계를 달리는 것은 일본다운 공예정신을 바탕으로 한 일본식 사고의 결과물이다. 어떤 제품에서도 이 정신을 빼놓고는 경쟁자를 이길 수 없다. 이를 바탕으로 해야 국제적 경쟁력을 갖춘 문화상품을 생산할 수 있다.
>
> –이영혜, 『월간공예』 발행인

디자인의 대량 생산성과 공예의 희소성. 그 둘이 교차하여 합을 이루는 새로운 질적 가치. 그것이 1980년대 시대적 요청이었다. 그 산물 중 하나가 『월간공예』였다. 『월간공예』는 1991년 3월 『월간디자인』과 합병되어, 디자인과 공예의 경계를 넘나드는 『디자인+공예』로 변신했다가, 1992년 3월 다시 『아트 앤 크래프트』라는 제목으로 재발행됐다. 그러나 결국 여러 사정으로 휴간하고 말았다. 안타까운 일이다.

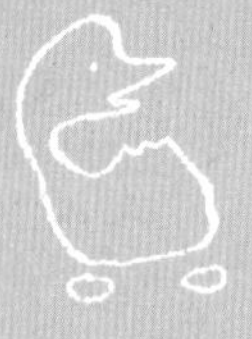

‘디자인’이란 새로운 가능성

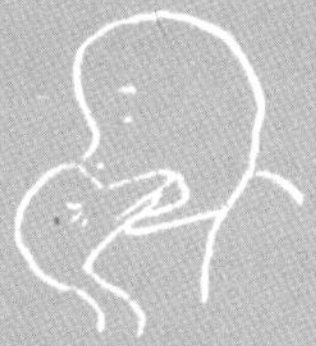

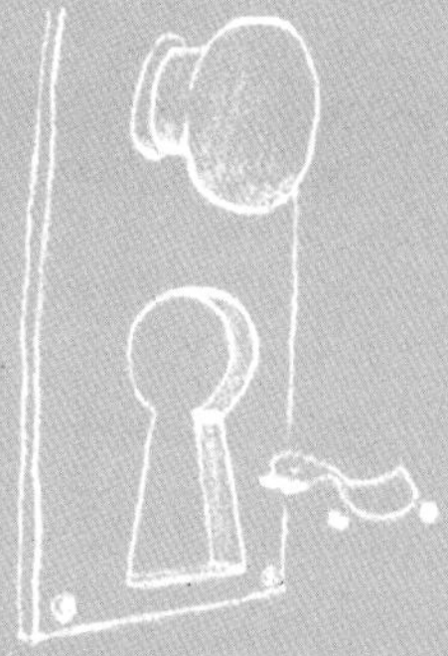

TV는 디자인을 싣고

인식의 전환을 가져온 KBS 〈세계는 디자인 혁명 시대〉

1983년 새해가 막 열리던 날, 우리 디자인계를 흔들어 깨운 사건이 발생했다. KBS에서 〈세계는 디자인 혁명 시대〉(6부작)라는 프로그램이 방영된 것이다. 연초부터 한동안 많은 사람들이 월요일 밤 10시만 되면 〈세계는 디자인 혁명 시대〉를 보기 위해 TV 앞에 앉았다. TV가 흑백에서 컬러로 바뀐 직후였다. 생생한 컬러 영상으로 디자인 선진국들의 역동적인 산업 현장을 생생히 소개한 이 프로그램은 충격 그 자체였다. 우리나라 디자인계에 큰 파문을 일으켰을 뿐만 아니라, 디자인에 대한 대중의 인식을 높이는 기폭제가 되었다.

기술혁명과 더불어 디자인혁명이 경제 발전의 양대 축이라고들 이야기하던 시절이었다. 당시 우리 경제가 관심을 기울이던 과제는 '수출 촉진'이었다. 〈세계는 디자인 혁명 시대〉는 수출과 디자인은 불가분의 관계라고 주장하며, 디자인 개선을 통해 수출 중심의 우리 경제가 크게 발전할 수 있다는 기대를 심어주었다.

1부는 미국의 GM 자동차, 이탈리아의 올리베티, 일본의 파이오니어, 도요타 자동차 등 세계적 기업을 탐방, 자동차 같은 특정 상품을 생산하는 기업의 디자인 개발 현황과 과정, 수준을 살펴보고, 미래 산업 디자인의 방향과 새 모델 개발에 사운을 걸고 치열하게 노력하는 모습을 보여주면서 우리 기업의 현황과 비교했다.

2부는 일본의 GK, 영국의 펜타그램, 오글 디자인연구소, 미국의 플로스, 골드 스미스 디자인연구소 등 디자인 회사에서 '멋과 성능'을 팔기 위해 어떤 과정을 거치는지 소개했다. 또한 디자이너들의 프라이드가 얼마나 대단한지 보여주며 디자이너의 사회적 위상을 가늠해볼 수 있도록 했다.

3부에서는 프랑스 국립조형미술학교, 이탈리아의 마랑고니, 미국의 일리노이 공과대학교, 시라큐스 대학교, 뉴욕 주립대학교 산하의 FIT 등 디자인 발전의 근간인 교육 현장을 찾아 디자인 교육 현황, 시설, 교과 과정, 교수진, 학생 선발과 졸업 과정 등을 취재, '기술, 예술, 학문의 융합' 속에 이루지고 있는 선진 교육 시스템을 소개했다. 그들의 학교는 대학이라기보다는 마치 회사나 공장처럼 보였으며, 철저한 실무 위주의 교육을 통해 우수한 디자이너를 키워내는 시스템이 돋보였다.

4부는 독일의 아디다스, 이탈리아의 필라, 일본의 미즈노, 스위스의 프로그레스와 윌슨, 던롭 등 세계적 스포츠 용품과 스포츠웨어 메이커를 찾아가 제품 디자인 및 생산 과정을 '또 하나의 올림픽'이라는 주제로 구성하여, 우리 스포츠 산업이 서울올림픽을 대비해 어떤 방향으로 나아가야 할지 이정표를 제시했다.

5부에서는 일본의 파라포트 쇼핑센터, 마쓰야 백화점, 프랑스의 갈르리 라파예트 백화점, 영국의 셀프리지 백화점, 미국의 시어즈 백화점 등의 쇼윈도 디스플레이를 집중 취재, '진열장 속의 전쟁'이라는 테마로 구성해 보여주고, 전 세계에 걸쳐 거대한 상권을 형성하고 있는 유태인, 중국인, 인도인, 일본인 특유의 뛰어난 상술의 배경과 실태를 심층 분석했다.

마지막 6부 '아름다움에의 도전' 편에서는 한국 디자인은 선진국에 비교해 과연 어디까지 와 있는지 점검했다. 우리나라 기업들의 디자인 인식 수준이 어느 정도인지, 또 새로운 디자인 개발을 위해 얼마나 노력하고 있는지 여러 기업들을 찾아가 살펴보고, 디자이너를 길러내는 교육 현장을 탐방, 디자인 교육의 문제점을 지적하는 동시에 우리 디자인이 무한한 가능성을 갖고 있다는 여지를 남기며 대미를 장식했다.

뒷이야기에 따르면 기업 취재에 정말 어려움이 많았다고 한다. 디자인을 기업의 흥망을 좌우하는 요소로 여겨 정보가 새어나갈까 봐 좀처럼 취재에 응해주지 않았다는 것이다. 통사정을 해도 디자인룸의 촬영은 절대 불가라 겨우 쇼룸만 촬영을 하거나 피상적인 인터뷰에 그치는 경우가 많았다고. 미국 GM사에서는 "레이건 대통령이 와도 보여주지 않는 곳인데 왜 당신들에게 보여줘야 하느냐"고 반문을 하기도 했단다. 일본 산업디자이너협회로 취재를 갔다가 "일본에선 아직 국영방송사에서 디자인 문제를 다룬 적이 없는데, 당신들이 하는 걸 보니 놀랍다"는 말을 들었을 때는 뿌듯했다고 한다. 이 말로 미루어 짐작컨대 아마 아시아에서 이처럼 디자인을 본격적으로 다룬 TV 프로그램은 〈세계는 디자인 혁명 시대〉가 최초가 아니었다 싶다.

〈세계는 디자인 혁명 시대〉는 디자인계뿐만 아니라 산업계 전반에 큰 영향을 미쳤다. 선진국에 비해 디자인 수준이 뒤떨어지고, 기업의 디자인실 규모도 보잘것없었던 우리나라 산업계에 이 프로그램이 던진 충격은 엄청났다. 나아가 디자인의 개념조차 제대로 정립되지 않았던, 디자인을 패션이나 도안 정도로만 알고 있던 시절에 방영된 이 획기적인 프로그램은 일반 시청자들에게도 디자인 개념을 새로이 확립시켜주는 계기가 되었다. 이 프로그램이 우리 사회가 일으킨 인식의 전환은 잊어서는 안 될, 놀라운 사건이었다.

'굿모닝 미스터 오웰'

1984년 백남준 TV 쇼

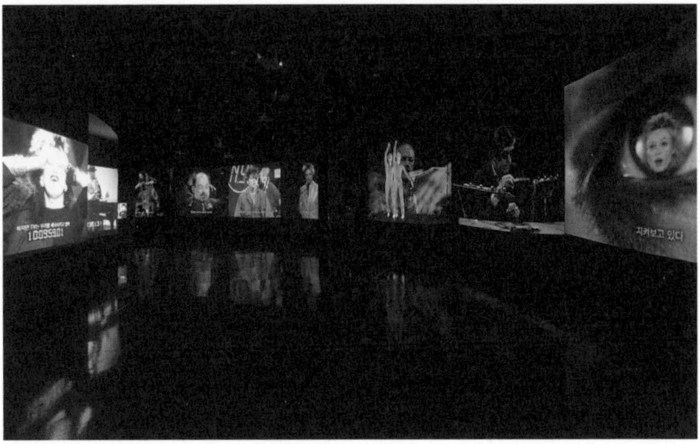

〈굿모닝 미스터 오웰〉(백남준, 1984) 생방송 영상 프로젝션. '굿모닝 미스터 오웰 2014' 전시 전경. 2014년 7월, 백남준아트센터는 〈굿모닝 미스터 오웰〉 발표 30주년을 기념해 이 전시를 열었다.

〈굿모닝 미스터 오웰〉 © 백남준 에스테이트. 사진 제공: 백남준아트센터.

빅 브라더가 당신들을 감시하고 있다.

1949년, 조지 오웰은 소설 『1984』에서 이런 섬뜩한 문장으로 전체주의와 미디어의 위험을 경고한 바 있다. 그리고 실제 1984년 첫 아침, 인공위성을 통한 생중계로 전 세계의 TV 화면에선 백남준의 비디오 아트 쇼 〈굿모닝 미스터 오웰〉이 찬란하게 펼쳐졌다. 한 시간 남짓 진행된 이 쇼는 백남준의 기획으로 존 케이지, 머스 커닝햄, 앨런 긴스버그 등 당대의 뛰어난 예술가들이 참가한 초대형 퍼포먼스였다. 시공을 초월해 인류가 함께 관람한 이 쇼는 비디오 아트의 역사에 굵직한 획을 그은 대사건이었다.

백남준이 이 쇼를 통해 보여준 1984년의 세계는 오웰이 『1984』에서 그린 세계와는 사뭇 달랐다. TV를 비롯한 전자미디어가 인류의 삶을 풍요롭게 해줄 수 있다는 긍정적인 면을 보여줌으로써, 인간이 미디어와 권력에 지배당하는 암울한 세계관을 피력했던 '미스터 오웰'에게 즐거운 아침 인사를 건네며 새해를 연 것이다.

〈굿모닝 미스터 오웰〉은 백남준이 창의적인 아이디어를 바탕으로 무작위성, 순간성, 동시성을 극대화한, 획기적이며 실험적인 작품이었다. 존 케이지의 즉흥 연주, 안무가 머스 커닝햄의 춤, 시인 앨런 긴스버그의 시 낭송 등이 백남준 특유의 상상력과 해학을 바탕으로 리드미컬하게 뒤섞였다. 유려하고 뛰어난 그의 연출 솜씨는, 그 자신이 창조해낸 이 새롭고 강력한 예술 장르의 미래가 어떻게 전개될 것인지 충분히 가늠할 수 있게 했다. 비디오 아트의 꽃이라 할 수 있는 컴퓨터 그래픽으로 만든 화려한 영상도 흥미진진했다.

시차 때문에 한국에서는 1984년 첫날 저녁에 방송되었는데, 한국 시청자들에겐 그 형식과 내용이 낯설고 난해했지만, 펄떡펄떡 살아 날뛰는 생선처럼 신선했던 이 새로운 예술에 대한 호기심을 불러일으킨 것만은 분명하다. 사람들은 이 쇼를 기획하고 지휘한 아티스트 백남준이 한국인이란 사실에 긍지를 느꼈고, 그에 관한 글과 책이 쏟아지기 시작했다.

> 나의 실험적인 TV는 언제나 흥미 있는 것도 흥미 없는 것도 아니다. 그것은 마치 아름답게 변하기 때문에 아름다운 것이 아니라, 단지 변하기 때문에 아름다운 자연과도 같다.

> 영화는 화학이고 TV는 전자학이다. 컬러텔레비전 스크린에는 초당 수백만 개의 형광점과 같은 것이 흐른다. 그것은 쇠라의 작품에서 보는 것과 같다. 사람들은 그것들을 눈에서 혼합한다. 영화에서는 리얼리티에서 무언가를 취하지만, TV에서는 리얼리티 그 자체를 창출한다. 리얼한 전자색이 그것이다.

TV는 등장하는 순간부터 늘 논란의 대상이었다. 수용자의 태도에 따라 '바보상자'가 되기도 하고 '요술상자'가 되기도 한다고들 했다. 지금은 인터넷 발달에 힘입어 정보를 실어 나르는 스마트 TV 시대로 접어들었다. 일상에서 TV는 떼려야 뗄 수 없는 필수품이 된 지 오래다. 일찍이 마셜 매클루언이나 앨빈 토플러가, 그리고 〈굿모닝 미스터 오웰〉을 통해 백남준이 예언한 것처럼, TV라는 미디어는 정보를 효과적으로 신속하게 전달하는 이 시대의 '이기利器'로 작동하고 있다.

조지 오웰의 『1984』는 『타임』지가 선정한 '20세기 최고의 책 100권'에 뽑히기도 했으며, 하버드 대학생들의 도서관 대출도서 1위라는 말도 전해진다. 영화로도 제작, 1984년에 개봉되기도 했다. 영화에서 심문관 오브리언으로 분한 리처드 버튼의 생애 마지막 작품이기도 했는데, 버튼은 공교롭게도 1984년 세상을 떠났다.

> 과거를 지배하는 자가 미래를 지배하고, 현재를 지배하는 자가 과거를 지배한다.

조지 오웰이 남긴 말이다. 현재가 가장 중요하다는 의미로, 과거에도, 지금도, 또 앞으로도 곱씹어 유념할 명언이다.

한국 최초의 일러스트레이션 공모전

1979년 BIM 일러스트레이션 공모전

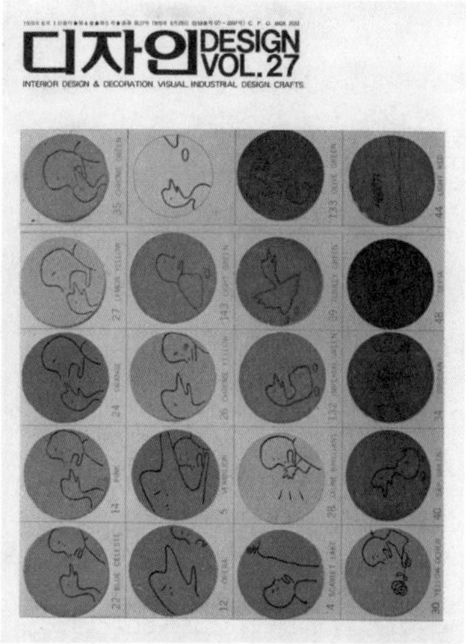

BIM 일러스트레이션 공모전에서 금상을 수상한 한호림의 〈사랑하는 내 오리와〉 연작을 표지에 사용한 『월간디자인』 1979년 6월호.

1979년 봄, 서울 연건동에 있던 한국디자인포장센터 전시장은 수많은 사람들로 붐볐다. 'BIM 일러스트레이션 공모전'을 관람하기 위해서였다. 글로벌 기업 'IBM'과 헷갈린다는 말을 많이 들었던 'BIM'은 'Best Illustrator's Medal'의 이니셜을 조합해 만든 것이다. 전시장에는 이 낯선 표어와 함께 일러스트레이션 작품들이 가득 걸려 있었다.

사진 이미지가 광고나 출판 등 시각 커뮤니케이션 요소의 주류를 이루고 있을 때였다. 한편으로는 광고나 출판의 개성과 창의성을 표현하는 데 사진의 한계가 드러나던 참이기도 했다. 그래서 상대적으로 상상과 환상의 세계를 자유로이 구사할 수 있는 일러스트레이션의 가치가 새로이 주목받기 시작했다. 이러한 변화에 부응하여 『월간디자인』은 창간 3주년이 되는 해에 'BIM 일러스트레이션 공모전'을 기획했다. 트리엔날레 형식을 취했으며, 우리나라 최초의 일러스트레이션 공모전이었다. 그 결과물을 모은 전시회는 디자인계뿐만 아니라 일러스트레이션에 관심을 가져온 디자이너와 기업인, 그리고 일반인 모두 기대가 컸던 행사였으며, 향후 일러스트레이션 발전에 활력을 불어넣는 계기가 되었다.

공모전에 주어진 테마는 없었다. 자유로운 내용과 창의적 표현을 요구했을 뿐이다. 총 165점의 작품이 출품됐다. 엄격한 심사 끝에 금상 하나, 은상 둘, 동상 여덟, 그리고 입선을 포함해 46점이 입상권에 들었다. 심사위원은 권명광(홍익대), 김영기(이화여대),

신용태(중앙대), 안정언(숙명여대), 양승춘(서울대), 정시화(국민대) 등 여러 대학의 디자인학과 교수들과 권문웅(합동통신 광고기획), 유우영(동아제약 광고), 장정학(제일기획), 장완영(연합광고) 등 광고계 인사들로 구성됐다.

> 이번 BIM 공모전은 많은 한국의 디자이너들에게 자유롭게 대화를 나눌 수 있는 기회와 광장을 마련한 뜻깊은 행사였다. —신용태

> 어려운 여건 속에서 마련된 BIM 공모전은 많은 일러스트레이터들의 활동에 활력을 불어넣었다. —권명광

> 이번 행사가 준 의의는 참으로 잊을 수가 없다. 『월간디자인』의 그동안 노력의 결실이었다. 165점이란 응모작들의 수로 볼 때 첫 공모전이 갖는 의의는 충분했다고 본다. —유우영

> 다자이너들의 발전을 도모함에 있어서 이번 BIM 공모전은 그런대로 뜻이 있다고 볼 수 있다. —정시화

이런 긍정적 평가가 있었는가 하면 따끔한 비판도 뒤따랐다. 작가의 개성과 방향성 부재, 일러스트레이션으로서의 독자적 언어 결여, 주제의식 결핍 등 일러스트레이션에 대한 이해가 부족해 생긴

문제 외에도 외국 작품을 모방한 사례도 있었기 때문이다.

금상을 수상한 한호림의 〈사랑하는 내 오리와〉 연작은 한 편의 동화처럼 스토리가 이어지는 부분이 흥미를 끌었다. 어린이의 꿈과 상상이 펼쳐진 듯한 작품이었으며, 표현 스타일도 개성이 뚜렷했다. 다만 장면마다 변화를 주었으면 조형적 구성이 더 훌륭했을 것이라는 아쉬움이 남았다. 그럼에도 내용이 한눈에 들어오게 표현하고 설득하는 힘이, 한 장면에만 치중한 다른 출품작들에 비해 매우 우수했다. 한호림 작가는 자신의 그림 속에 자주 등장하는 오리, 뿔 달린 아이, 망아지, 그리고 유머러스한 자화상 등에 대해 이런 말을 했다.

> 5년 전에 우연히 화실에서 낙서를 하던 중 나도 모르게 오리가 그려졌는데, 왠지 그때 그 오리가 무척 마음에 들었고, 이후 몇 달을 줄곧 그 녀석만 그려보았다. 이제 그 오리는 세상에 둘도 없는 친구가 되었고, 간혹 그림 속 오리가 쓸쓸해 보이면 도깨비처럼 뿔이 달린 아이와 함께 놀게 해주었다. 그 둘은 항상 붙어 다니는 단짝으로 이 세상 어디든 여행을 갈 수 있다.

그의 그림에 등장하는 사막, 정글, 뉴욕, 우주, 바다 속 등이 그들이 여행했던 곳이란다. 그림 속이지만 그들을 어디라도 보낼 수 있어 즐겁다며 당시 30대 중반이었던 그는 해맑게 웃었다. 1987년

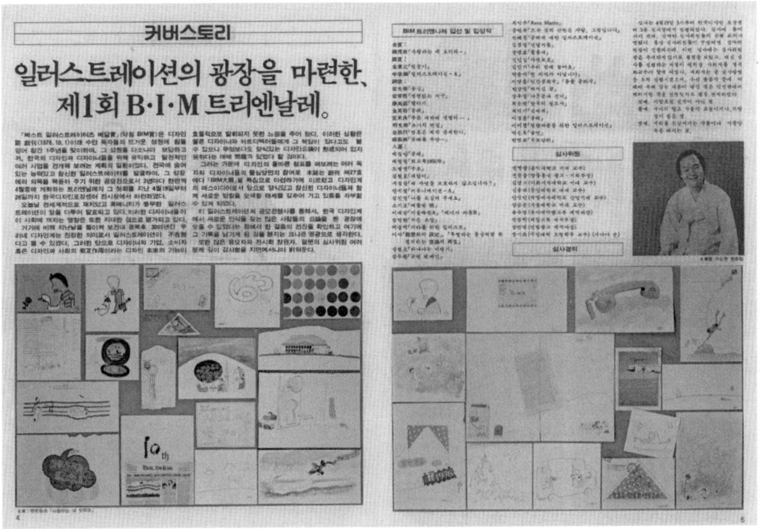

커버스토리

일러스트레이션의 광장을 마련한, 제1회 B·I·M 트리엔날레。

한호림의 〈사랑하는 내 오리와〉 연작이 실린 『월간디자인』 커버스토리.

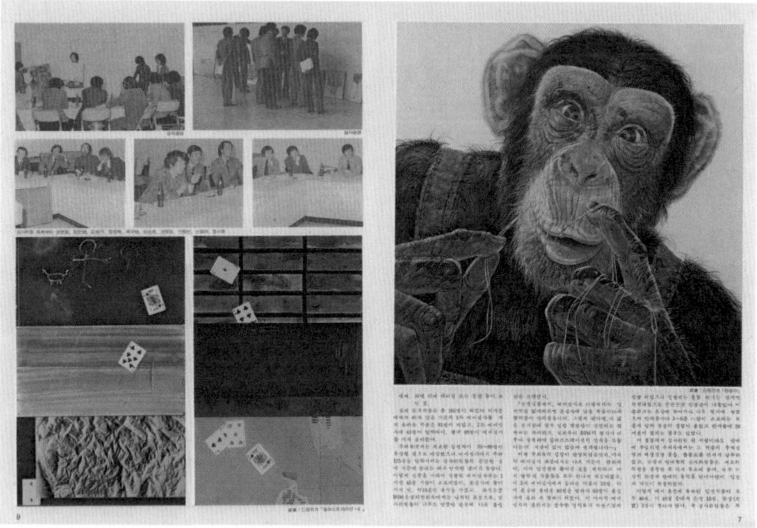

은상을 받은 신영호의 〈일러스트레이션-6〉과 김동원의 〈원숭이〉.

캐나다 여행 중 그 풍광에 반해 가족과 함께 그곳에 정착한 그는 금상을 받은 오리 그림을 계기로 '오리 선생'이란 별명을 얻기도 했다.

은상을 받은 신영호의 〈일러스트레이션-6〉은 손끝으로 만져보고 싶을 정도로 재질감을 생생하게 살린, 사실적인 묘사력이 뛰어난 작품이었다. 그러나 내용이 쉽게 전달되지 않는 점이 안타깝다는 평을 받았다. 역시 은상을 받은 김동원의〈원숭이〉는 극사실화에 가까운 묘사력으로 명쾌한 내용을 보여주었다. '말하지 말고, 듣지도 말 것이며, 보지도 마라'라는 속담을 역설적으로 표현했는데, 속담의 세 장면을 다 보여주었다면 작가의 창의력이 더 확실하게 구현될 수 있었을 것이라는 반응을 얻었다.

이 공모전에서 또 눈여겨볼 사람은 〈말타기〉로 동상을 수상한 강우현이다. 그가 오늘날 남이섬을 세계적 관광지로 일군 디자이너로 성공한 것은 작품에서도 볼 수 있는 풍부한 상상력의 소산이 아닐까 싶다. 위트가 넘치는 사람이라 모임에서 강우현을 만나면 항상 웃음꽃이 만발했다. 수상 소감에도 기지가 넘쳤다.

> 내 작품 〈말타기〉처럼 공중으로 높이 점프했으나, 떨어지기 두려운 것이 지금의 마음이다.

이 말은 강우현 개인의 소감을 넘어 BIM 공모전을 통해 적나라하

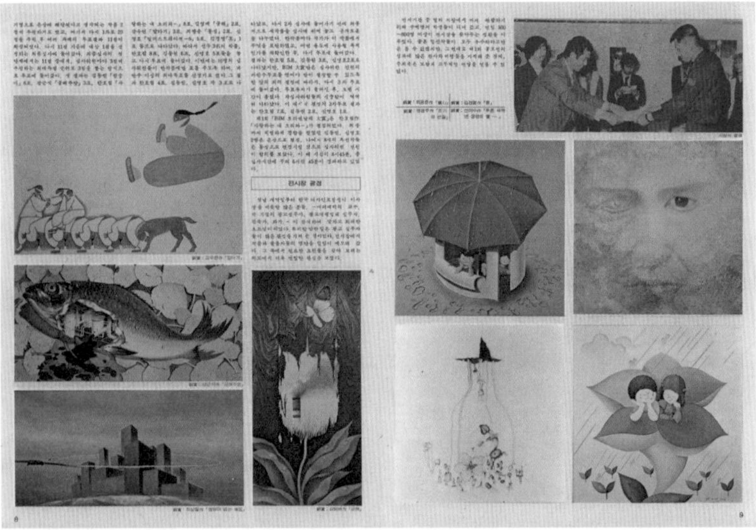

강우현의 〈말타기〉, 강근식의 〈공해 추방〉, 최상철의 〈생명이 없는 지구〉, 김영배의 〈공해〉 등 동상 수상작들.

게 드러난 우리나라 일러스트레이션의 현실을 대변하는 것이기도 했다. 어쨌든 BIM 공모전은 우리나라 일러스트레이션의 새로운 지평을 열기 위한 첫 발자국 역할을 톡톡히 했다. 대학에 일러스트레이션 전공 학과가 생겼고, 이렇게 키운 인재를 기업과 광고, 출판 분야 등 사회에 연결되도록 뒷받침해야 한다는 여론이 생겼으니 말이다.

역사적 사건을 기록한다는 것

'올해의 일러스트레이션'으로 돌아본 1983년

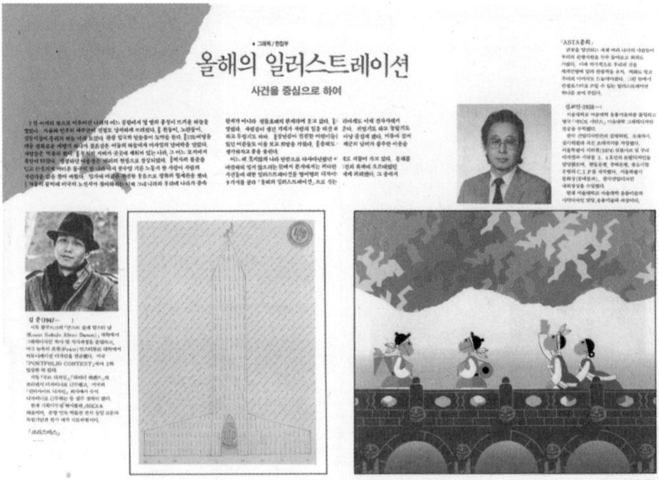

• 그래픽/편집부

올해의 일러스트레이션

사건을 중심으로 하여

유난히 다사다난했던 1983년을 기록으로 남겼던 '올해의 일러스트레이션'.

『월간디자인』을 만들던 시절을 되돌아보니 불현듯 1983년 연말이 떠오른다. 1983년은 나라 안팎으로 다사다난하기 그지없던 해였다. 소련의 KAL기 격추, 북한의 버마(현 미얀마) 아웅산 테러, 필리핀 정치 지도자 아키노 암살, 폴란드 자유노조 지도자 바웬사의 노벨평화상 수상, 레이건 미국 대통령 방한 등 굵직한 사건들이 이어졌고, 세계관광대제전 ASTA 서울총회, 로봇 쇼, 토이 쇼 등 국민들의 가슴에 '세계 속의 한국, 한국 속의 세계'란 희망을 안겨준 국제 행사들이 줄줄이 개최됐다.

1983년을 마감하면서 『월간디자인』 편집부는 그해 화제에 오른 커다란 사건들을 주제로 한 일러스트레이션을 10여 명의 디자이너들에게 의뢰했다. 역사적 순간을 기록해두기 위해서였다. 그중 아홉 가지를 골라 '올해의 일러스트레이션'이란 제목으로 잡지에 실어 연말을 장식했다. 세월이 흐르고 흘러 기억의 저장고에 먼지와 함께 쌓여 있던 그 기록화들을 꺼내본다. 당시 '편집자의 글'에서 나는 이렇게 썼다.

> 7천여 개의 섬으로 이루어진 나라의 어느 공항에서 몇 발의 총성이 뜨거운 하늘을 찢었다. 자유와 민주의 파수꾼이 선혈도 낭자하게 쓰러졌다.
>
> 흰둥이, 노란둥이, 검둥이들이 우리의 하늘 아래 모였다. 관광입국의 발돋움이 도약을 한다.

170여 명을 태운 평화로운 비행기 하나가 칠흑 같은 어둠의 하늘에서 미사일의 날벼락을 맞았다. 사람들은 억울해했다.

부처의 자비가 곳곳에 세워져 있는 나라, 그 어느 묘지에서 폭탄이 터졌다. 생경하던 아웅산은 테러의 현장으로 상징되었다.

역사의 불운을 딛고 끈질기게 버텨온 동구의 한 나라에서 콧수염 기른 노동자 한 사람이 사람의 사람다운 삶을 찾아 싸웠다. 입가에 머금은 잔잔한 웃음으로 평화의 월계관을 썼다.

겨울의 문턱에 미국의 노신사가 찾아와서는 이제 그네 나라와 우리네 나라가 종속 관계가 아니라 평등호혜의 관계라며 웃고 갔다.

우리에게도 이제 전자 시대가 열렸다. 사람 같이 생긴 기계가 사람의 일을 대신 해준다. 귀엽기도 하고 놀랍기도 하고 두렵기도 하다.

장난감이 천진한 어린이들을 마냥 즐겁게 했다. 비통에 잠겨 있던 어른들도 이를 보고 희망을 가졌다.

올해도 구세군 냄비가 불우한 이웃을 생각하자고 종을 울린다.

이런 테마로 1983년 역사의 사건들을 포착, 기록한 일러스트레이션 작품들은 다음과 같다.

아키노 암살

황부용

당시 서울올림픽조직위원회 디자인 실장

필리핀 국민을 위해서는 언제든지 목숨을 바칠 각오가 되었던 니노이. 마닐라 공항에서의 그의 죽음은 전 세계를 경악하게 했다. 자유를 위해 맨주먹으로 독재에 항거한 그는 필리핀 사람들의 가슴속에 자리 잡은 '희망의 큰 별'이었음이 확실하다. 핏빛으로 물든 채 떨어진 필리핀의 희망의 별. 마닐라 공항에서의 살인, 마르코스에게 그것은 무엇을 의미하는가?

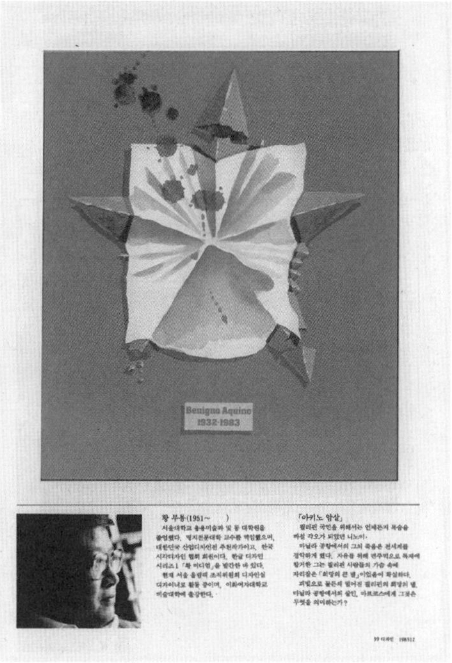

황 부용(1951~)

서울대학교 응용미술과 및 동 대학원을 졸업했다. 명지전문대학 교수를 역임했으며, 대한민국 산업디자인전 추천작가이고, 한국 시각디자인 협회 회원이다. 한글 디자인 시리즈1 「활 미디엄」을 발간한 바 있다.

현재 서울 올림픽 조직위원회 디자인실 디자이너로 활동 중이며, 이화여자대학교 미술대학에 출강한다.

「아키노 암살」

필리핀 국민을 위해서는 언제든지 목숨을 바칠 각오가 되었던 니노이.

마닐라 공항에서의 그의 죽음은 전세계를 경악하게 했다. 자유를 위해 맨주먹으로 독재에 항거한 그는 필리핀 사람들의 가슴 속에 자리잡은 「희망의 큰 별」이었음이 확실하다.

피빛으로 물든채 떨어진 필리핀의 희망의 별. 마닐라 공항에서의 살인, 마르코스에게 그것은 무엇을 의미하는가?

39 디자인 198512

ASTA총회

김교만

당시 서울대학교 응용미술과 교수

관광을 알선하는 세계 여러 나라 사람들이 우리의 관광자원을 두루 돌아보고 회의도 가졌다. 이제 적극적으로 우리의 것을 세계만방에 알려 관광객을 유치, 외화도 벌고 우리의 이미지도 드높여야겠다. 그런 뜻에서 관광 포스터로 쓰일 수 있는 일러스트레이션 하나를 보여주었다.

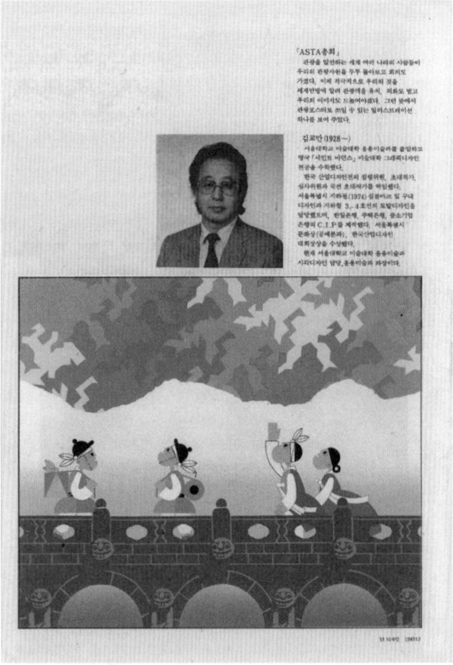

「ASTA총회」
관광을 알선하는 세계 여러 나라의 사람들이 우리의 관광자원을 두루 돌아보고 회의도 가졌다. 이제 적극적으로 우리의 것을 세계만방에 알려 관광객을 유치, 외화도 벌고 우리의 이미지도 드높여야겠다. 그런 뜻에서 관광포스터로 쓰일 수 있는 일러스트레이션 하나를 보여 주었다.

김교만(1928～)
서울대학교 미술대학 응용미술과를 졸업하고 영국「세인트 마틴스」미술대학 그래픽디자인 전공을 수학했다.
한국 산업디자인전의 심사위원, 초대작가, 심사위원과 국전 초대작가를 역임했다. 서울특별시 지하철(1974) 심볼마크 및 구내 디자인과 지하철 3, 4호선의 토탈디자인을 담당했으며, 한일은행, 주택은행, 중소기업은행의 C.I.P를 제작했다. 서울특별시 문화상(공예분과), 한국산업디자인 대회장상을 수상했다.
현재 서울대학교 미술대학 응용미술과 시각디자인 담당, 응용미술과 과장이다.

진혼곡

양호일

당시 한양대학교 응용미술과 교수

83년 8월 31일. 인간으로서는 자행할 수 없는 'KAL기 격추사건'이 일어났다. 참사자의 가족과 민족의 감정을 넘어 전 세계인에게 충격과 슬픔을 던진 소련의 만행. 갈매기는 길을 잃고 헤매는 KAL기, 여인은 이조 여인의 한恨과 에로티시즘을, 파도는 사할린을 상징하고 있다.

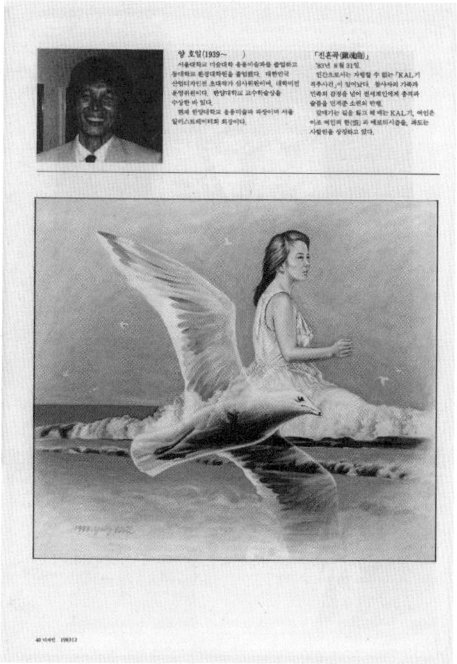

양 호일(1939~)

서울대학교 미술대학 응용미술과를 졸업하고 동대학교 환경대학원을 졸업했다. 대한민국 산업디자인전 초대작가 심사위원이며, 대학미전 운영위원이다. 한양대학교 교수학술상을 수상한 바 있다.

현재 한양대학교 응용미술과 과장이며 서울 일러스트레이터회 회장이다.

「진혼곡(鎭魂曲)」

'83년 8월 31일.

인간으로서는 자행할 수 없는 「KAL기 격추사건」이 일어났다. 참사자의 가족과 민족의 감정을 넘어 전세계인에게 충격과 슬픔을 던져준 소련의 만행.

갈매기는 길을 잃고 헤 매는 KAL기, 여인은 이조 여인의 한(恨)과 에로티시즘을, 파도는 사할린을 상징하고 있다.

40 디자인 198312

아웅산묘소 폭발사건

전갑배

당시 삼미사 기획실 홍보부 근무

세계 도처에서 자행되는 폭력과 테러 행위. 더구나 같은 핏줄을 타고난 동족의 가슴팍에 폭탄을 던졌던 버마 아웅산에서의 소행은 무엇으로 설명될 수 있는가. 인류가 바라는 평화란 탁상공론에 그칠 수밖에 없는 세상이 되어버린 걸까? 아웅산 사건에 대한 슬픔과 분노가 엇갈리던 중, 평화 운운하던 그들의 잔악한 실상을 보는 순간이다.

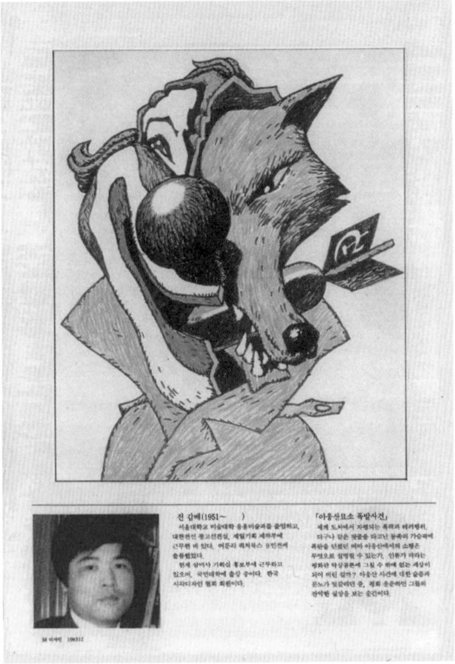

전 갑배(1951~)
서울대학교 미술대학 응용미술과를 졸업하고, 대한전선 광고선전실, 제일기획 제작부에 근무한 바 있다. 어문각 퍼치북스 9인전에 출품했었다.
현재 삼미사 기획실 홍보부에 근무하고 있으며, 국민대학에 출강 중이다. 한국 시각디자인 협회 회원이다.

「아웅산묘소 폭발사건」
세계 도처에서 자행되는 폭력과 테러행위. 더구나 같은 핏줄을 타고난 동족의 가슴팍에 폭탄을 던졌던 버마 아웅산에서의 소행은 무엇으로 설명될 수 있는가. 인류가 바라는 평화란 탁상공론에 그칠 수 밖에 없는 세상이 되어 버린 걸까? 아웅산 사건에 대한 슬픔과 분노가 엇갈리던 중, 평화 운운하던 그들의 잔악한 실상을 보는 순간이다.

바웬사

권명광

당시 홍익대학교 산업디자인과 교수

모든 것이 억압된 공산 폴란드 사회의 노조 지도자 바웬사의 노벨 평화상은 여러 가지 의미를 지니고 있다. 비폭력 평화주의에 의한 저항과 다수의 의사 관철 주장은 슈퍼스타 예수 그리스도를 연상케 한다. 어둠에서 빛나는 한줄기 불빛처럼, 일면 체 게바라를 방불케 하는 강인한 인상이 나를 매료시킨다.

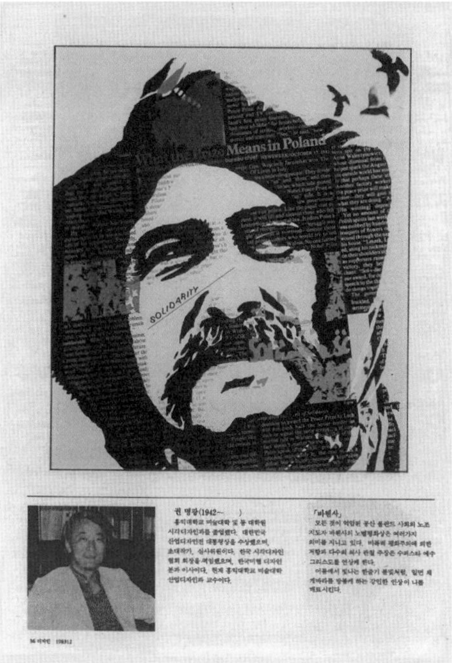

권 명광(1942~)
홍익대학교 미술대학 및 동 대학원 시각디자인과를 졸업했다. 대한민국 산업디자인전 대통령상을 수상했으며, 초대작가, 심사위원이다. 한국 시각디자인협회 회장을 역임했으며, 한국미델 디자인 본부 이사이다. 현재 홍익대학교 미술대학 산업디자인과 교수이다.

「바웬사」
모든 것이 억압된 공산 폴란드 사회의 노조 지도자 바웬사의 노벨평화상은 여러가지 의미를 지니고 있다. 비폭력 평화주의에 의한 저항과 다수의 의사 관철 주장은 수퍼스타 예수 그리스도를 연상케 한다.
어둠에서 빛나는 한줄기 불빛처럼, 일면 체게바라를 방불케 하는 강인한 인상이 나를 매료시킨다.

레이건 대통령 방한

이복식

당시 프리랜서 일러스트레이터

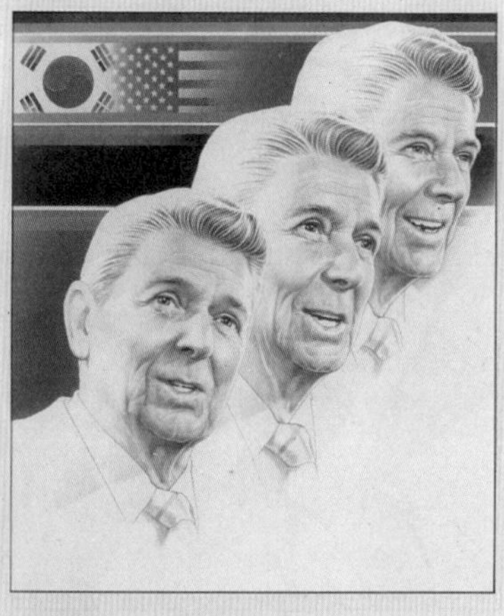

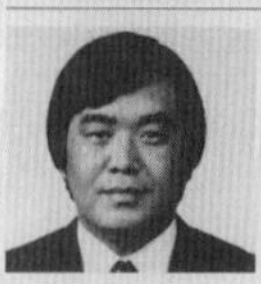

이 복식(1947~)
홍익대학교 미술대학 조각과를 졸업했고
제일기획 제작부에 근무했었다. 「하이콜드
냉장고」 광고로 클리오상에서 입선했고,
문화방송·경향신문 주최 광고대상에서
일러스트레이션 부문 대상을 수상한 바 있다.
현재('78년 이후) 프리랜서 일러스트레이터이다.

「레이건대통령 방한」

로보트 쇼우

윤학중
당시 명지실업전문대학 상업디자인과 조교수

미래를 지향하는 첨단기술의 개발 및 도입 촉진을 위해 마련된 전시회에서, 일부 업체는 미리 정확한 예측을 하고 어린이들이 좋아할 만한 로보트를 출품했으나 많은 업체들이 고지식하게도 산업용 로보트를 출품했다. 적극적인 방송국의 홍보 결과 많은 어린이가 모여들었으나 주최 측의 기획과 진행상의 결함으로 인하여 로보트 전시회는 콩나물 시루 속에서 관람하는 완구용 로보트 전시회가 되고 말았다.

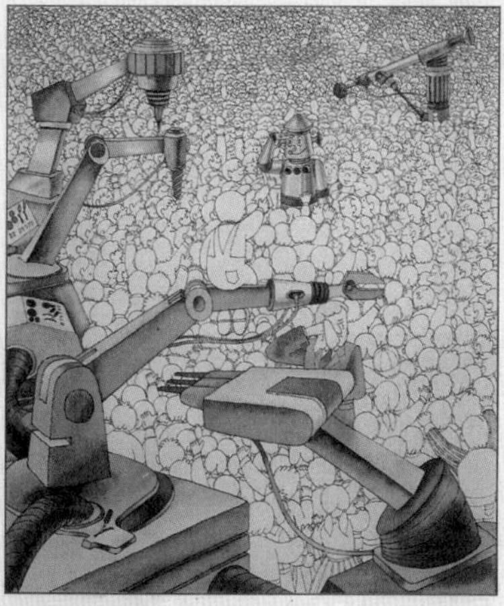

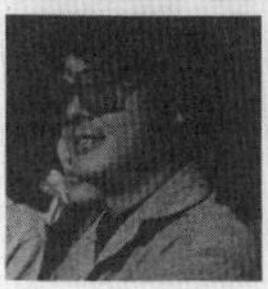

윤 학중(1950~)
서울대학교 응용미술과를 졸업했다. 제일기획과 「보라도」에 근무한 바 있으며, 산업디자인전 추천작가이다. 현재 명지실업전문대학 상업디자인과 조교수로 있으며, 동덕여대와 서울여대에 출강 중이다. 한국 시각디자인협회 회원이다.

「로버트 쇼우」
미래를 지향하는 첨단기술의 개발 및 도입 촉진을 위해 마련된 전시회에서, 일부 업체는 미리 정확한 예측을 하고 어린이들이 좋아할 만한 로보트를 출품했으나 많은 업체들이 고지식하게도 산업용 로보트들을 출품했다. 적극적인 방송국의 홍보 결과 많은 어린이가 모여들었으나 주최측의 기획과 진행상의 결함으로 인하여 로보트전시회는 콩나물 시루속에서 관람하는 완구용 로보트 전시회가 되고 말았다.

토이 쇼우

김현

당시 대우 기획조정실 제작부 아트 디렉터

냉철한 이성을 생명으로 하는 과학자, 그중에서도 아인슈타인. 그러나 그도 어린 손자와 놀 때는 혀를 내밀고 어린이가 되었다. 문명은 내일을 예측할 수 없을 정도로 급속히 발달해가는데 범람하는 악행, 범죄 등의 사회적 문제들-이것의 뿌리 깊은 원인은 결국 동심을 잃어버린 데 있지는 않은지……. 오늘 우리에게 필요한 것은 상실된 인간성의 회복이다. 회복의 지름길은 '어린이로 돌아가는 것'이 아닐까. 곰 인형이 감아주는 태엽을 받으며 천진한 웃음을 보여준 아인슈타인의 모습이야말로 우리가 돌아가야 할 잃어버린 고향이리라.

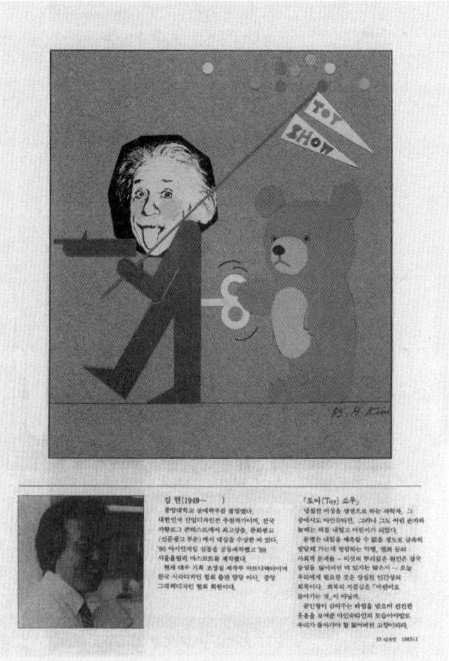

김 현(1949~)
중앙대학교 공예학부를 졸업했다.
대한민국 산업디자인전 추천작가이며, 전국 카탈로그 콘테스트에서 최고상을, 문화광고(신문광고 부문)에서 대상을 수상한 바 있다.
'86 아시안게임 심볼을 공동제작했고 '88 서울올림픽 마스코트를 제작했다.
현재 대우 기획 조정실 제작부 아트디렉터이며 한국 시각디자인 협회 출판 담당 이사, 중앙 그래픽디자인 협회 회원이다.

「토이(Toy) 쇼우」
냉철한 이성을 생명으로 하는 과학자, 그중에서도 아인슈타인. 그러나 그도 어린 손자와 놀때는 혀를 내밀고 어린이가 되었다.
문명은 내일을 예측할 수 없을 정도로 급속히 발달해 가는데 범람하는 악행, 범죄 등의 사회적 문제들 – 이것의 뿌리깊은 원인은 결국 동심을 잃어버린 데 있지는 않은지 … 오늘 우리에게 필요한 것은 상실된 인간성의 회복이다. 회복의 지름길은 「어린이로 돌아가는 것」이 아닐까.
곰인형이 감아주는 태엽을 받으며 천진한 웃음을 보여준 아인슈타인의 모습이야말로 우리가 돌아가야 할 잃어버린 고향이리라.

15 디자인 198312

크리스마스

김춘

당시 헥사플랜 대표

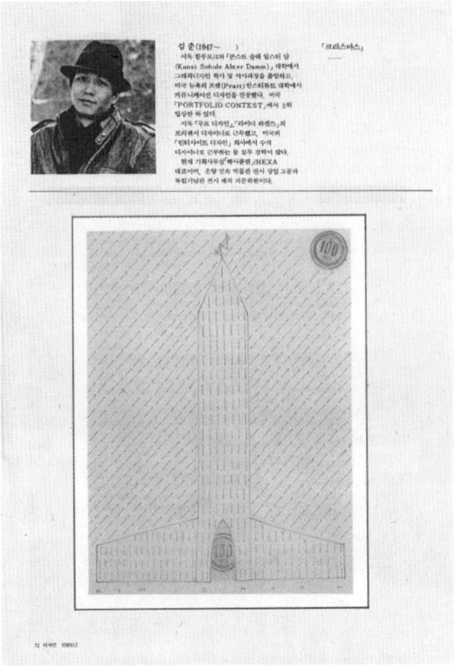

김 춘(1947~)

서독 함부르크의 「쿤스트 슐레 알스터 담(Kunst Sohule Alzer Damm)」 대학에서 그래픽디자인 학사 및 석사과정을 졸업하고, 미국 뉴욕의 프랫(Pratt) 인스티튜트 대학에서 커뮤니케이션 디자인을 전공했다. 미국 「PORTFOLID CONTEST」에서 2위 입상한 바 있다.

서독 「무표 디자인」,「라이너 하젠스」의 프리랜서 디자이너로 근무했고, 미국의 「인터사이트 디자인」 회사에서 수석 디자이너로 근무하는 등 실무 경력이 많다.

현재 기획사무실 「헥사플랜」(HEXA 대표이며, 온양 민속 박물관 전시 상설 고문과 독립기념관 전시 체제 자문위원이다.

「크리스마스」

……

32 디자인 198912

한국 디자인 근대화의 요람

한국디자인포장센터와 상공미전

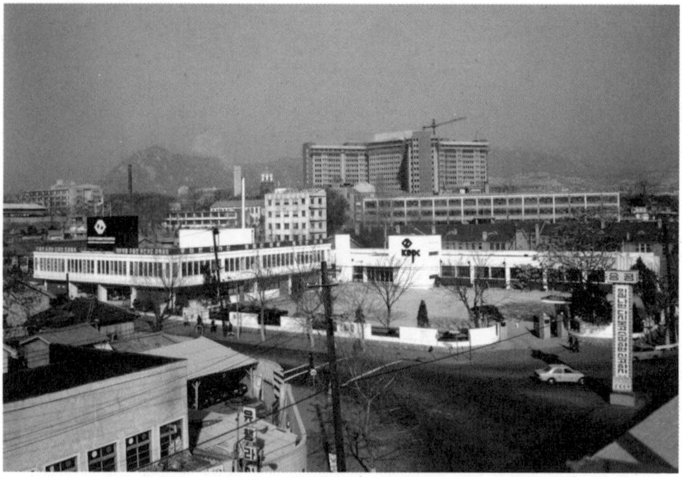

1970년 한국디자인포장센터 전경. 인근에 서울대 미대, 법대, 문리대, 의대 등이 옹기종기 모여 있었다. 멀리 신관 건축 중인 서울대병원이 보인다. 한국디자인포장센터는 이후 산업디자인포장개발원, 한국산업디자인진흥원 등을 거쳐 2001년 한국디자인진흥원으로 이름을 바꾸었다.
사진 제공: 한국디자인진흥원.

근대적 의미에서 한국 디자인은 그 역사가 짧다. 근대화, 즉 산업화 시기가 서구보다 늦었기 때문이다. 경제 발전이 본격적으로 시작된 1960~70년대에 이르러서야 디자인도 함께 달릴 수 있었다. 디자인은 한 사회의 산업 발전과 불가분의 관계를 맺고 있다. 한국 디자인이 산업화 과정과 맞물리며 발전할 수밖에 없었던 이유다. 한국의 현대 디자인은 여러 분야의 생산 활동이 활발해지고, 국제 교류가 확대되기 시작한 1960년대부터 그 양적·질적 발전의 시동이 걸렸다고 하겠다.

내수시장이 점점 커지고, '수출이 국력'이라는 기치 아래 적극적으로 수출시장을 개척해나가면서 생산과 소비의 순환도 활발해졌다. 그에 따라 제품의 디자인과 포장에 대한 관심도 높아졌다. 기업들은 점차 복잡해지는 소비자의 요구, 날로 심해지는 경쟁에서 우위를 차지하기 위해 애썼다. 질 좋은 제품을 생산해 매력적으로 포장할 필요성이 대두됐고, 자연스레 그 일을 수행할 디자이너를 찾는 요구가 늘어났다. 디자인 분야를 세분화하고 전문적인 교육이 이루어지기 시작했다. 한국디자인포장센터도 그런 관심에 부응해 탄생한 곳이다.

한창 수출 드라이브 정책을 펴고 있던 1965년에 설립된 한국디자인포장센터는 '수출품의 디자인 양질화'가 목적이었다. 즉 당시 주요 수출품이었던 섬유 제품 등의 포장 디자인을 활성화하고자 출발한 것이다. 이는 한국 근대 디자인의 청사에 크게 기록

될 만한 일이었다. 허버트 리드는 『미술과 산업』이란 책에서 디자인은 산업혁명의 산물이라고 했는데, 그 산업혁명의 발상지인 영국에서 디자인센터가 설립된 해가 1956년이었으니, 산업혁명이 영국보다 100년이나 늦은 한국이 디자인센터 설립에 있어서는 영국에 비해 10년 정도 늦은 셈이다. 비록 초기에는 미숙한 운영 때문에 시행착오와 잡음이 꽤 많았지만 말이다.

디자인센터란 한 나라의 디자인 활동 중심지로, 디자인에 관한 일반인들의 관심을 고취시키고, 디자인의 발전을 이끌어 경제 성장에 일익을 담당하는 곳이다. 1931년에 설립된 덴마크디자인센터는 스칸디나비아 디자인 발전에 초석 역할을 했다.

한국디자인포장센터가 설립된 다음부터 우리 사회에서도 '도안'보다는 '디자인'이란 용어를 인식하기 시작했다. 1970년대에 이르러서는 라디오, 전축, 텔레비전 등 가전 제품을 위한 디자인이 전성기를 맞았고, 우리나라 최초의 고유 모델 자동차 포니가 탄생하면서 디자인이란 용어가 본격적으로 정착됐다. "제품의 양식이 곧 생활의 양식을 창조한다"는 말처럼 산업과 더불어 이제 디자인이 경제 발전의 한 축이 되었고, 디자인센터는 산업과 디자인의 가교 역할을 했다.

1980년대 프랑스의 한 신문은 "멀리 동방의 작은 나라 한국에서도 '디자인'이란 용어를 적극적으로 사용하면서 국가적 차원에서 디자인 진흥책을 모색하고 있는데, 프랑스는 무엇을 하고 있는가"라는 논조의 기사를 실은 바 있다. 영국에선 '철의 여인' 마거릿 대처 수상이 영국의 국가 경쟁력을 디자인에서 찾고, 국가적으로 대대적인 지원을 하고 있었다. 그 기사는 그런 영국과 비교하며 프랑스의 각성을 촉구하면서 한국의 이야기도 곁들인 것이었다.

1966년, 한국디자인포장센터와 상공부의 주관으로 '제1회 대한민국상공미술전람회'(이후 '상공미전')가 열렸다. 그해에 지금 LG전자의 전신인 금성사에서 한국 최초의 흑백 TV를 생산했다. '제2의 국전'이라고 불렸던 이 전람회의 취지는 산업의 실질적인 면과 디자인의 창의적인 면이 서로 조화를 이루어 함께 발전해 나가자는 것이었다. 제1회 상공미전의 대상(대통령상)은 강찬균의 〈서울역 색채안내 실시〉라는 작품이 수상했다. 산업 관련 디자인전이 처음이라 그런지 언론에 크게 보도되는 등 사회적 관심이 높았는데, 대상 작품이 창의성이 부족하다는 비판도 뒤따랐다. 그에 관련한 한 신문 기사를 일부 옮겨보았다.

> 수출산업의 미적 효용성을 중시하여 상공부가 주최하고 상공회의소가 주관한 제1회 상공미전의 대통령상 작품이 수출산업과 직접적으로 관련이 없는 '그래픽 디자인'이고, 그것도 창조적인 디자인 아이디어가 없으며 더구나 부분적으로 외국 것의 모방이라는 소리가 디자인계의 일부에서 일었다. 특히 모방 문제는 "국가적인 위신을 손상시킨 창피스러운 일"이라고 일부 디자이너들

은 흥분하고 있다. 몇몇 디자인계 실력자의 후진적인 권한을 두려워하는 그들은 자기들의 이름을 밝히려 들지 않는다.

그리고 그들은 디자인 모방 문제의 대조 자료를 제시했다. 그것은 일본의 아트 디렉터즈 클럽이 편집한 1965년도 『연감광고미술』 속의 동경올림픽촌 심벌마크이다. 젊은 그래픽 디자이너 강찬균 씨가 차지한 대통령상의 작품 〈서울역 색채안내 실시〉의 제3부안은 심벌(서울역의 심벌마크)이다. 식당, 다실, 변소, 이발소 등을 표시하는 상징적인 12개의 마크들이다. 그 마크 디자인의 그래픽 포름이 앞의 일본 연감에서 베껴졌고 그중 어떤 것은 완전 카피한 것이다. (중략)

심사위원 가운데는 문제의 모방성을 알고 있었던 사람이 여럿 있었던 모양이다. 그러나 다수결 투표에서 묵인되었고 문제의 작품은 한국 최초의 디자인 콘테스트에서 대상을 차지했다.

상공미전의 상임집행위원이며 작품심사원이었던 염인택 씨는 "나도 일본 연감의 올림픽촌 심벌마크를 알고 있었다. 그러나 완전 도용이 아니고 심벌마크의 포름의 제한성을 고려하여 크게 문제 삼지 않았다. 거기에 전적으로 꼭 같은 마크는 없지 않은가? 일본 것도 따지고 보면 서양에서 빌려온 것들이다"라는 해명을 내놓았다. 그는 문제의 작품이 대통령상감으로 부족하다는 점은 공감하지만, 모방이라고 단정할 근거는 없다고 했다.

상공미전 개막과 함께 “세계에 내놓아도 손색이 없다”고 코멘트를 했던 심사위원장 이순석 교수(서울대 미대)는 “모방이란 처음 듣는 소리”라고 펄쩍 뛰며 부족한 데가 있지만 달리 그만 한 작품도 없었다고 강조했다. 그러나 그 작품의 수상을 반대했던 부심사위원장 한홍택 교수(홍익대)는 “한마디로 보잘것없는 작품이며 더구나 대통령상 수상은 언어도단”이라고 일갈했다.

상공미전은 1977년 ‘대한민국산업디자인전람회’로 이름을 바꾸었다. 매년 열린 이 전람회를 통해 많은 디자이너들이 배출됐고, 우리 사회에 디자인의 개념과 위상을 뚜렷이 각인시켰으며, 제품의 혁신을 이루는 데 일정 부분 기여했다. 오늘날 우리나라가 미국, 중국, 일본, 독일에 이은 5대 공업국, 세계 7대 수출국, 8대 무역국, 그리고 12위의 경제대국(구매력 기준 GDP)으로 성장한 데 한국디자인센터도 한 역할을 담당했음은 부인할 수 없는 사실이다.

정치와 디자인의 함수관계

선거 전략과 디자인

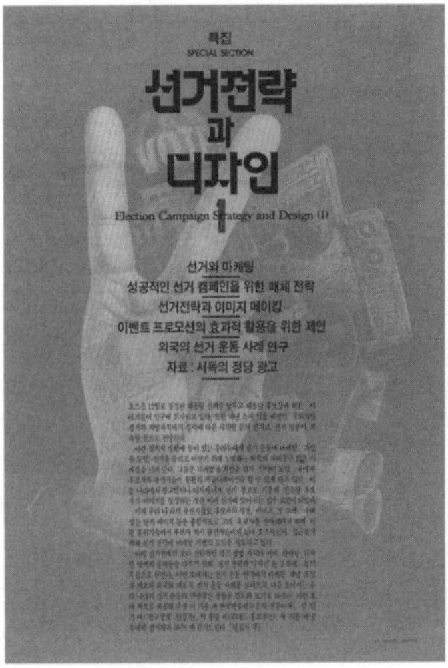

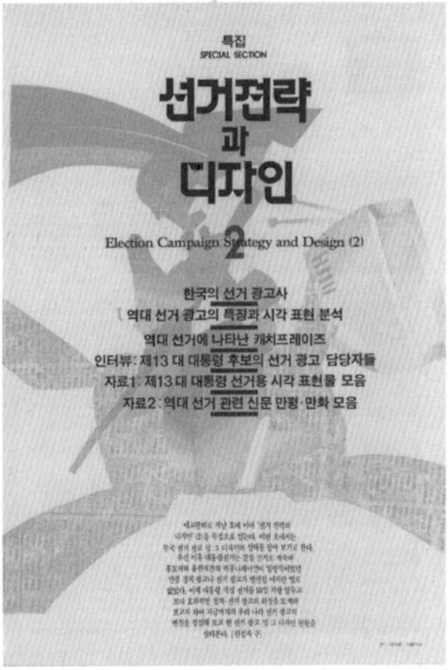

1987년 12월에 열리는 대통령 선거를 앞두고 『월간디자인』은 '정치와 디자인'을 테마로 2호 연속 특집 기사를 내놓았다.

1987년은 한국 현대사에서 획기적인 해였다. 이른바 '넥타이 부대'라고 불리던 중산층 시민들까지 '호헌철폐 독재타도'를 외치며 들고 일어난 '6월 항쟁'에 이어 '6.29 선언'으로, 유신체제(1972) 이후 간선제였던 대통령 선거를 직선제로 바꾸는 것을 골자로 하는 국민의 요구가 받아들여진 것이다. 그것은 시민혁명이요, 명예혁명이었고, 대한민국이 산업화와 민주화를 매우 빠르게, 그것도 동시에 성취한 나라로 여겨지는 초석이 되었다.

새 헌법에 따라 제5공화국의 시대는 가고 제6공화국 시대가 열렸다. 12월에 대통령 선거가 열릴 예정이었다. 노태우, 김영삼, 김대중, 김종필이 대통령 후보로 나섰다. 난립의 형국에, 치열한 경쟁구도였다. 삼삼오오 모이기만 하면 대통령 선거와 후보들에 대한 의견이 오갔다. 디자인계에서도 틈만 나면 누가 대통령이 되는 것이 이 나라 디자인 발전을 위해 좋을까 하는 주제로 대화를 나누었다. 한마디로 민주주의 꽃, '선거 축제'가 펼쳐진 것이다.

선거를 앞두고 각 후보들은 선거 캠페인을 치열하게 전개했다. 한국 선거사상 처음으로 홍보 및 광고, 디자인 전문가를 참모로 기용하여 캠페인의 질적 향상을 꾀하는 모습은 여느 때와는 사뭇 달랐다. 미흡하나마 '선거 전략의 선진화'가 그 목표였다. 이런 분위기를 반영해 그해 가을, 『월간디자인』은 정치와 디자인을 테마로 한 기사를 싣기로 했다. 이듬해 초에 있을 국회의원 선거와 지방자치체 실시에 따른 지방자치단체장과 지방의회 의원 선거로, 선거 열풍은 당분간 계속될 터였다. 그런 상황에 시사점을 던져줄 기사거리를 기획하기로 한 것이다. 유신체제 이후 대통령 간선제가 15년 동안 지속되면서 후보자와 유권자 간의 커뮤니케이션이 일방통행이었던 만큼, 쌍방 커뮤니케이션으로서의 정치 광고나 선거 광고가 발전될 여지가 전혀 없었던 시절이었다. 이제 대통령 직접선거를 앞두었으니 좀 더 효과적인 정치 광고 및 디자인에 대한 이야기를 해보자며 편집부는 자못 흥분을 감추지 못했다.

선거에 대한 관심이 뜨겁다 보니 후보자의 정견과 정책, 이미지, 또 그가 속한 정당의 정강과 이미지 등을 종합적으로 고려해 선택하겠다는 유권자들이 많았고, 후보자들은 그런 유권자들에게 다가가기 위해 마케팅 기법, 디자인 통합 등을 선거 전략 요소로 적극 활용하고자 했다.

『월간디자인』의 특집 기사 제목은 '선거 전략과 디자인'이었다. 커버스토리에는 전문 필진을 동원하여 선거와 마케팅, 선거 캠페인 매체 전략, 선거 전략과 이미지 메이킹, 이벤트 프로모션의 효과적 활용 방안을 다루었다. 표지 일러스트레이션은 윤학중 교수(서울여대)가 맡았다. 오래전부터 광고인이나 디자이너를 선거 참모로 기용해 후보자의 이미지를 최대한 긍정적이고 친밀하게 형성하는 과정이 필수가 된 외국의 선거 운동 사례들도 실었다. 또 한국의 선거 광고사를 기술하고, 역대 선거 광고의 특징과 시각적 표현, 캐치프레이즈 등을 분석했다. 후보자 네 명의 선거 광

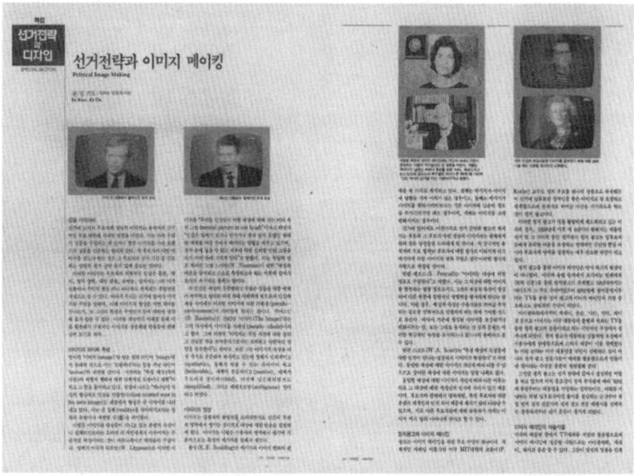

특집 선거전략과 디자인 SPECIAL SECTION

선거전략과 이미지 메이킹

Political Image Making

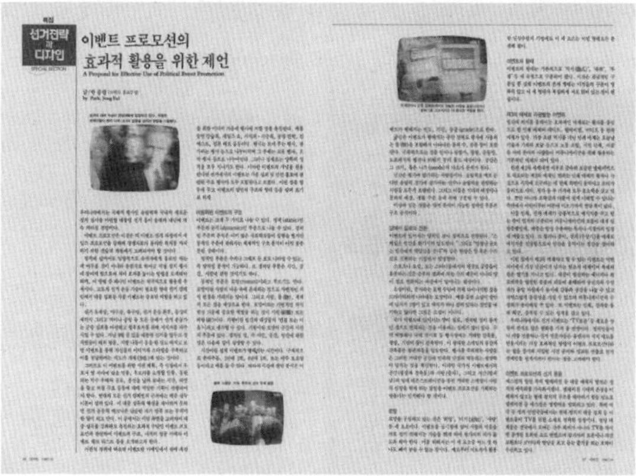

특집 선거전략과 디자인 SPECIAL SECTION

이벤트 프로모션의 효과적 활용을 위한 제언

A Proposal for Effective Use of Political Event Promotion

전문 필진을 동원하여 선거와 마케팅, 선거 캠페인 매체 전략, 선거 전략과 이미지 메이킹, 이벤트 프로모션의 효과적 활용 방안 등까지 폭넓게 다루었다.

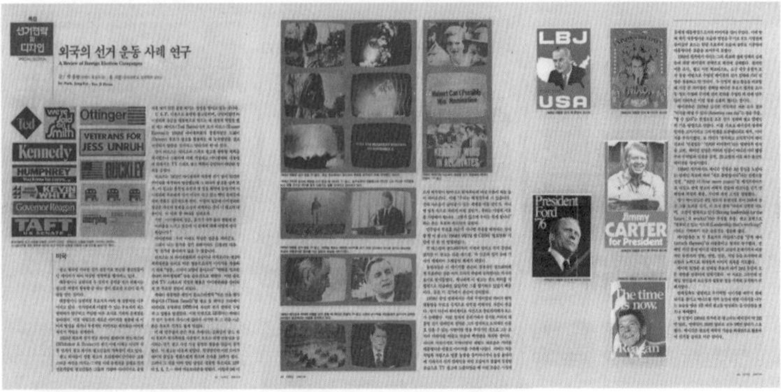

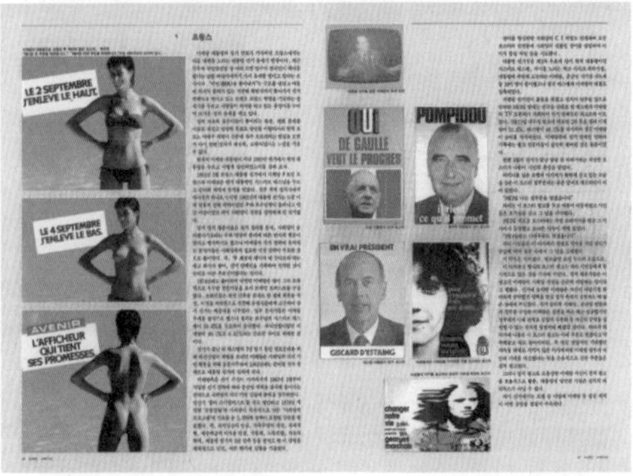

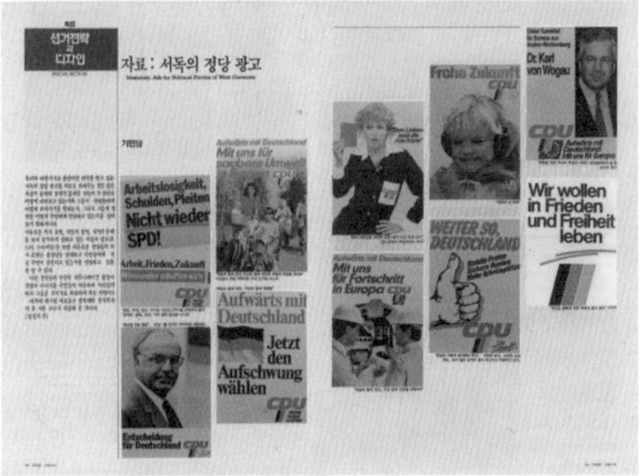

오래전부터 디자이너, 마케팅 전문가를 선거 참모로 기용해 후보자의 이미지 메이킹을 해온 외국 선거 운동 사례도 실었다.

고 담당자들을 인터뷰하며 전략을 들어보고, 그들이 내세운 선거용 시각표현물, 그리고 한국 역대 선거 관련 신문만평과 만화도 뽑아 곁들였다.

그해 10월호부터 2회에 걸쳐 다루었던 '선거 전략과 디자인' 특집 기사는 한국의 디자인 잡지에서 '정치와 디자인'이라는 주제를 본격적으로 다룬 최초의 시도였을 것이다. 그래서 1987년은 여러모로 특별한 해다. 민주화의 시작이요, '정치와 디자인' 담론이 시작된 해였기 때문이다. 그것이 계기가 되어 오늘날에는 선거 전략에서 마케팅과 디자인 통합이란 명제는 당연한 것이 되었다. 일례로 1992년 대통령 선거에서 북 디자이너 정병규가 모 후보의 디자인 참모로 기용돼 활약한 바 있다. 이런 점에서 『월간디자인』의 이 특집 기사는 선거 전략의 고전이요, 오래된 교과서라 할 수 있겠다.

여담이지만, 이 기사를 한창 준비하던 어느 날, 안기부(국정원의 전신) 요원이 나를 찾아와 기사 내용에 대해 묻고 간 적이 있었다. 혹시 민감한 안보 관련 내용이 실리는 것은 아닌지 사찰을 나온 것이었다. 그런 시절이었다.

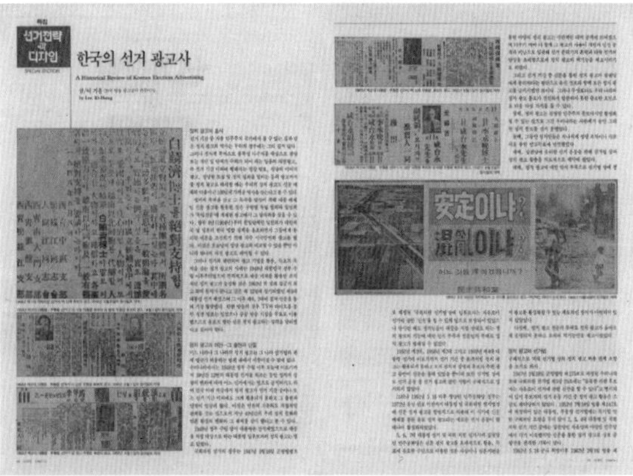

특집
선거전략과 디자인

한국의 선거 광고사

A Historical Review of Korean Election Advertising

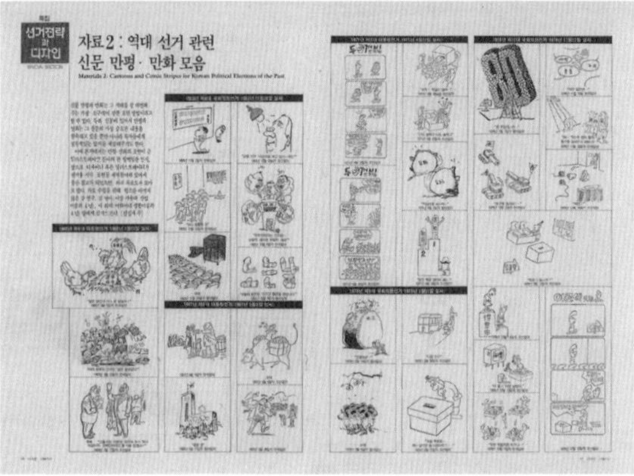

특집
선거전략과 디자인

자료 2 : 역대 선거 관련 신문 만평 · 만화 모음

Materials 2: Cartoons and Comic Stripes for Korean Political Elections of the Past

1987년은 여러모로 특별하다. 민주화의 시작이요 '정치와 디자인' 담론이 시작된 해였기 때문이다. 이를 계기로 오늘날 선거에서 마케팅과 디자인 통합은 당연한 전략이 됐다.

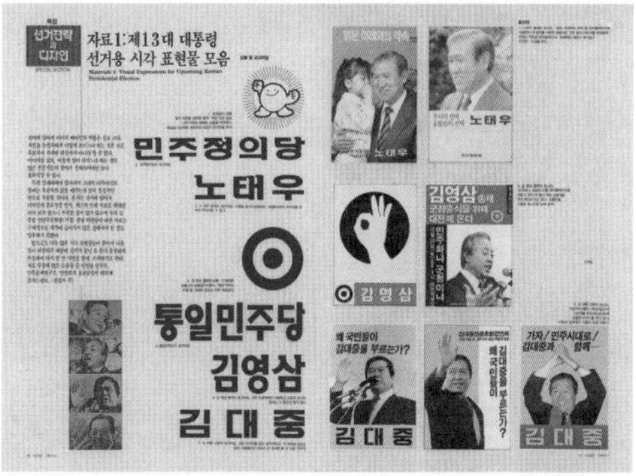
특집
선거전략과 디자인
자료1: 제13대 대통령
선거용 시각 표현물 모음
민주정의당
노태우
통일민주당
김영삼
김대중
노태우
김영삼
군정종식을 위해 대전에 온다
민주화냐 군정이냐
왜 국민들이 김대중을 부르는가?
가자! 민주시대로! 김대중과 함께
김대중

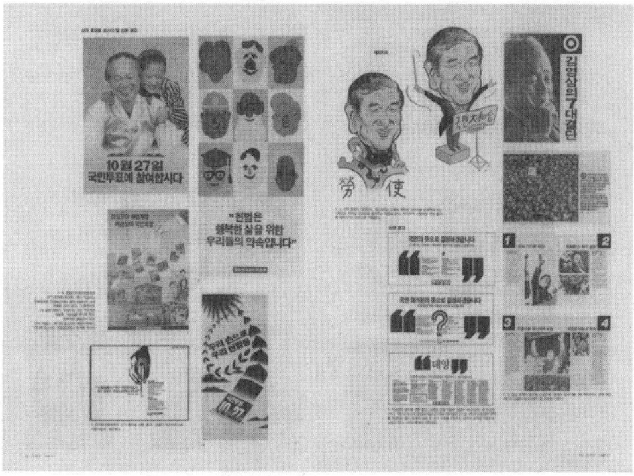
10월 27일
국민투표에 참여합시다
"헌법은
행복한 삶을 위한
우리들의 약속입니다"
김영삼의 7대 결단
勞
使

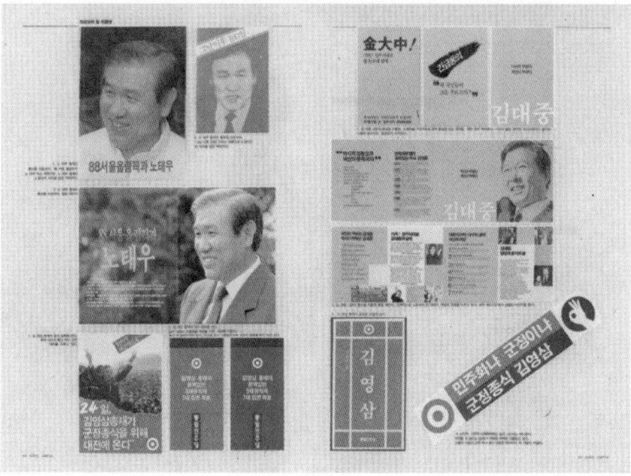
88서울올림픽과 노태우
노태우
24일
김영삼총재가
군정종식을 위해
대전에 온다
金大中!
김대중
김영삼
민주화냐 군정이냐
군정종식 김영삼

'흔들어주세요'로 사람들의 마음을 흔들다

1세대 카피라이터 이낙운

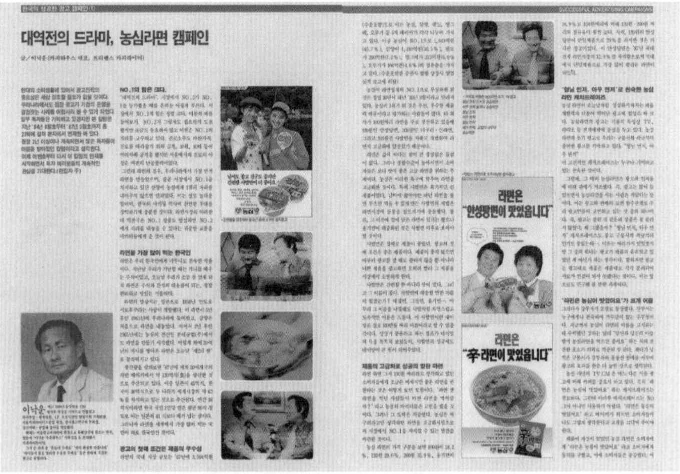

대역전의 드라마, 농심라면 캠페인

라면은 "안성탕면이 맛있읍니다"

라면은 "辛라면이 맛있읍니다"

'흔들어주세요'라는 카피로 유명한 카피라이터 이낙운이 『월간디자인』에 연재한 칼럼 '한국의 성공한 광고 캠페인'.

광고의 평가는 금전등록기의 소리가 얼마나 오래 울리느냐에 달려 있다고 했던가. 판매에 불을 붙여 그 소리를 오래 울리게 했던, '흔들어주세요' '맛이 확실히 다릅니다' '아이들이 물을 달라면 우유를 주세요' 등의 광고를 기억하는 사람이 많을 것이다. 그 유명한 광고들의 카피를 쓴 카피라이터가 바로 이낙운이다.

1세대 카피라이터였고 '광고계의 호메이니'라는 별명을 가졌던 이낙운 선생은 1984년부터 여러 해 동안 『월간디자인』에 수년간 '한국의 성공한 광고 캠페인'이라는 칼럼을 연재했다. 그는 200자 원고지에 굵은 촉의 청색 만년필로 글을 썼으며, 달필이었다. 맞춤법만 약간 고쳤을 뿐 교열이 거의 필요 없었다. 광고계의 문장가다운 완벽에 가까운 글이었다. 술술 거침없이 읽혔다.

매회 한 가지씩 성공한 광고 캠페인을 선정하여 그 실무집행자나 관련자로부터 증언을 직접 청취하거나 취재하여 객관적 사실에 접근하려는 그의 노력은 치열한 기자정신에 버금갔고, 특유의 주관적 시각과 과감한 촌평이 보태져 그의 글은 이해하기 쉽고 지식과 더불어 재미를 느끼게 해주었다. 읽는 재미가 쏠쏠하여 한 달 후에 올 다음 원고가 기다려졌다. 재미난 연속극의 다음 회를 기대하는 심정과 같았다.

그가 연재를 통해 이야기한 광고 캠페인 사례들은 한국의 1980년대 광고 캠페인의 유형과 흐름을 한눈에 조망할 수 있을 정도로 다양하고 풍성하다. 1980년대는 한국 광고계가 일관된 크리에이티브 플랜에 따른 광고의 전략화를 막 이해하고 수용하기 시작한 시기였다. 그러한 시기에 인기리에 연재됐던 그의 칼럼은 마침내 1991년 『광고 캠페인 이렇게 해서 성공했다』(디자인하우스)라는 제목의 책으로 묶여 출간됐다. 한국 최초의 광고 캠페인 성공작 선집이었다. 이만재 당시 '카피파워' 대표는 서평에서 "이 책은 광고 연구 자료로서 광고를 지망하여 공부하는 학생들이나 현업의 광고실무자들이 일독하고 보관할 만한 가치가 있다"라고 평가했다.

원로를 예우하는 마음이 그윽했던 이영혜 사장은 출판기념회를 열기로 하고 나한테 이낙운 선생을 직접 찾아뵙고 그 건에 대해 의견을 듣고 오라고 했다. 선생의 집은 삼양동 꼭대기에 있었다. 그의 집을 찾아 계단이 많고 꼬불꼬불 가파른 언덕길을 오르자니 마치 등산을 하는 기분이었다. 그만큼 고지대에 있었다. 그는 우리 일행을 반갑게 맞이해주었다. 당시 이낙운 선생은 뇌졸중으로 쓰러져 1년간의 투병 끝에 일어나 요양하던 중이었다. 출판기념회 개최 소식을 전하니 무척 기뻐하셨다. 차를 마시며 초대할 사람들에 대한 답과 출판기념회에 대한 선생의 의견을 듣고 자리를 떴다.

그해 가을 어느 저녁, 서울 장충동 파라다이스 빌딩에 있던 디자인하우스 강당에서 출판기념회가 열렸다. 이낙운 선생은 불편한 몸으로 정장을 갖춰 입고 참석했으며, 그의 책 출간을 축하

하기 위해 광고와 디자인계뿐만 아니라 각계의 여러 인사들이 운집했다. 발행인의 인사말에 이어 당시 해태 계열의 광고회사 '코래드'의 김명하 사장이 축사를 했다. "성공한 광고는 금전등록기의 소리가 얼마나 오래 울리느냐에 달려 있다"는 오길비의 말을 인용하고 이낙운 선생의 연재를 즐겨 읽었으며 그 글이 일하는 데 큰 도움을 주었다며 고마움을 표했다. 이낙운 선생은 답사에서 그저 "감사합니다, 고맙습니다"라고만 되뇌었다. 눈가에 눈물이 글썽이는 것 같았다.

이낙운 선생은 1980년 『세계의 성공한 광고 캠페인』이라는 책을 엮어 그해 『월간디자인』 6월 특집호를 장식하기도 했다. 김태형, 신인섭, 이인구, 이만재 등과 함께 한국 카피라이터 1세대라고 불리는 그는 저 유명한 데이비드 오길비의 『어느 광고인의 고백』을 번역하기도 했다. 우리는 그때 이런 농담을 주고받기도 했다. 성공한 광고 캠페인만 다루지 말고 실패한 광고 캠페인 사례도 다루면 어떨까 하고. '광고 캠페인 이렇게 해서 실패했다'는 것이 나오면 광고계의 반면교사가 되지 않겠느냐면서 말이다.

요즘 복고풍이 유행이라 한다. 그런 점에서 이낙운 선생이 1992년 봄에 쓴 '광고쟁이'로서 지나온 길에 대한 글(『동아일보』 1992년 4월 11일자 게재)은 옛 광고에 대한 향수를 불러일으킨다. '흔들어주세요'란 광고 문구를 기억하는 사람들이라면 특히 더 그러하리라. 그중 몇 대목을 옮겨본다.

먹어라, 써라, 입어라, 발라라, 사라…… 어디를 둘러보나 광고의 홍수 속에 묻혀 사는 현대인들은 때로 "어휴, 지겨운 광고 그만할 수 없나" 짜증을 내기도 하고 광고를 하는지 마는지 아예 무감각해지기도 할 것이다.

어느 직업인들 편한 일이 있으랴마는 그 광고를 만드는 '광고쟁이'들은 피를 말리는 고통 속에 산다. 그중에서도 광고 문안을 쓰는 카피라이터는 회의도 끝나고 전화벨마저 그친 적막 속에서 소비자의 마음을 파고들 문구 하나를 찾기 위해 수없이 담배를 태우고 한 드럼의 커피를 빈속에 쏟아 붓기도 한다. 고독의 극치…… 혼자서의 싸움이다.

내가 '흔들어주세요'로 알려져 있는 과즙음료 써니텐의 카피를 쓸 때도 그랬다. 해태음료에서 천연과즙이 10% 들어 있는, 당시로서는 획기적인 제품을 내놓았는데 '태양의 정열을 마시자'고 아무리 광고를 해도 팔리지 않는다는 것이었다. 병 아래 부분에 하얗게 가라앉아 있는 과즙 성분을 부패된 침전물로 오해하는 이들이 많아서였다.

소문난 주당이었던 나는 머리를 싸매 쥐고 고민하던 끝에 '그럼 흔들어 마시면 되겠네'라는 생각을 해냈다. 막걸리 마실 때도 흔들어 따르지 않던가. '흔들어주세요'는 이렇게 탄생하였다. 그 다음부터 '흔들어주세요'는 장안의 유행어가 되었다. 춤출 때도 '흔들어주세요', 아이들은 물을 마실 때도 '흔들어주세요', 학교에

는 또 '흔들어주세요' 별명을 가진 선생님들도 나타났다. (중략)

광고쟁이는 무엇을 팔기 위해 사는 사람이다. 요즘은 대통령까지도 판다. 문학작품은 베스트셀러가 안 되더라도 평론가가 좋은 작품이라고 인정해주면 명작으로 남지만 카피의 평가는 금전등록기의 소리가 얼마나 오래 울리느냐에 달려 있다. 기술이 향상되다 보니 물건마다 다 비슷한데 그중에서도 다른 점을 빼내서 팔리게 만들자니 머리를 쥐어짜내야 한다. 새벽 두세 시면 절로 잠이 깨고 떠오르는 문안 한두 가지씩 끼적여본다. 팽팽한 긴장의 세월이었다. (중략)

몸은 완전히 회복되지 않았지만 카피라이터는 예비역이 없다. 현역만이 있을 뿐이다. 지나온 생을 한 줄의 카피로 표현한다면 어떤 모양이 될까. '흔들었다 (광고계를?).' '내 인생은 확실히 달랐다.' '카피라이터는 이낙운이 좋습니다.' 이 정도일까. 아직은 모르지만 내 인생은 진했다고는 말할 수 있을 것 같다. 이제부터는 또 다른 내 인생의 카피를 시작할 참이다.

디자인대학의 이름값과 정명

국민대학교 '조형대학'의 의미

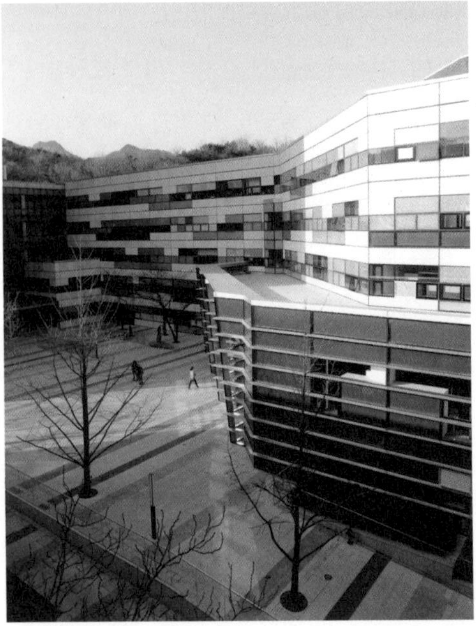

국민대학교 조형대학 전경. 국민대는 1980년 '조형대학'이란 명칭을 쓰면서 '미술대학'이란 이름에 갇혀 있던 기존의 디자인 교육에서 벗어나고자 했다.
사진 제공: 국민대학교.

'이름값을 한다'는 말이 있다. 어떤 이름이냐에 따라 거기에 생각과 행동이 맞추어진다는 뜻이다. '정명正名'이란 말도 있다. 『논어』를 보면 공자는 '정명'을 이렇게 표현했다.

> 모난 술잔이 모나지 않으면, 그것이 모난 술잔인가! 모난 술잔인가!

그 명名(모난 술잔)에 부합한 실實(모남)이 있어야 그 명이 성립한다는 뜻이다. 어떤 사물을 어떤 명으로 규정할 때는 그 사물이 그 '명'의 '실'에 부합해야 하며, 합당한 실이 없는 명은 '바른 이름'이 아니라는 뜻이다.

대학의 명칭과 학과의 이름도 마찬가지일 것이다. 그 명칭에 따라 교육 이념과 방향, 그리고 가르치는 사람의 의식과 행동이 달라질 수 있고, 그 명칭이 실질과 부합될 때 비로소 정명이 될 수 있기 때문이다. 이런 점에서 국민대학교가 1975년 최초로 조형학부, 1980년 조형대학이란 명칭을 쓰면서, 미술대학이란 이름과 관습에서 벗어나 개성적이고 진취적인 디자인 교육을 지향한 것은 주목할 만한 사건이었다.

이와 더불어 새로운 디자인 교육의 설계를 주도한 사람은 한국의 대표적인 건축가 김수근 선생(1931~86)이었다. 1975년 국민대학교 교수로 초빙된 그는 공학 계열의 건축학과와 일반 계열의 의상학과, 예능 계열의 장식미술학과, 생활미술학과를 통합해 조형학부로 개편했다. 이어서 기존의 관습이나 형식에 얽매이지 않고 유능하고 열정적이며 새로운 교육관을 가진 젊은 교수들을 영입했다. 또 국제적이고 미래지향적인 커리큘럼을 편성했다. 학생들의 조형적 기량과 디자인 감각을 효과적으로 키울 수 있도록 실질적이고 참신한 내용의 조형 중심 디자인 교육 프로그램을 개발, 디자인 대학으로서의 아이덴티티를 갖추려 했다.

디자인 이론가이자 평론가인 정시화 교수의 말에 의하면 이전까지의 우리나라 디자인 교육의 배경은 이러하다. 미술 교육을 담당했던 1세대는 대부분 일본에서 공부를 한 사람들이었다. 해방 후 한국 미술계를 주도한 사람들은 모두 일본 동경미술학교와 제국미술학교에서 수학했다. 1931년부터 1943년까지 제국미술학교에 입학한 한국인 유학생은 140여 명이며, 그중 해방 후 한국에서 두각을 나타낸 화가들을 살펴보면 한국 근대미술사에 등장하는 인물들이 많다. 프랑스에 유학을 다녀온 화가들도 제법 있다. 박상옥, 이쾌대, 이세득, 장욱진, 최덕휴, 홍종명, 권옥연, 김창락, 손동진, 이유태, 이중섭, 황염수, 김창억 등이 그들이다. 이들은 중고교 미술 교사 혹은 대학 강사, 회화과 교수 등으로 활동했다.

화가들에 비해 응용미술을 공부한 유학생은 수가 적었다. 같은 기간 동안 일본 제국미술학교 도안과, 도안공예과, 공예도안과에 입학한 한국 유학생은 10여 명에 불과했다. 그나마 대부분은 중퇴했으며 해방 후 활동은 거의 알려진 것이 없다. 일본 동경미술학교 도안과를 졸업하고, 1946년 서울대학교 도안과(곧 응용미술학과로 바뀜)를 창설한 이순석 교수가 유일하게 눈에 띄는 인물이다. 1960년대 응용미술교육과 국전의 공예, 그리고 상공미술전람회를 주도하기도 했다. 그 밖에 제국미술학교 공예도안과 출신인 김재석도 국전에 관계했으며 대학 강사로도 활동했다.

이러한 맥락에서 보면 우리나라의 응용미술 교육은 어떤 확고한 교육 이념이나 철학을 바탕으로 이루어졌다기보다는 해방 후 대학 교육의 필요에 의해 생겼다고 할 수 있다. 일본에서 서구식 교육을 받은 미술가와 공예가들에 의해 응용미술 교육이 시작되었기 때문에 일본적인 공예미술, 공예도안이라는 사고에서 벗어나지 못한 것은 어쩔 수 없는 일이었다. 그러나 1958년과 1960년 사이 한국공예시범소에서 실시한 미국 연수 프로그램을 다녀온 권순형, 민철홍(서울대 미대) 등 젊은 교수들이 미국의 디자인 교육법을 도입하며 변화가 시작됐다.

당시에는 서울대 미대조차 축적된 교육 노하우가 없었다. 해마다 신입생은 들어오는데, 대학에 교수 말고는 아무것도 없는 시대였다. 데이터, 노하우, 자료 등이 전혀 없었다는 말이다. 수공업사회를 벗어나지 못했던 1960년대 초였으니까 당연한 일이었다. 이때의 국산품 전시회는 주로 나전칠기, 왕골제품, 민예품 등이 주류였으며, 디자인이라는 용어는 패션(의상) 분야에서만 통용됐다.

그 외에는 모두 공예미술, 응용미술, 생활미술, 도안 등으로 인식됐다.

우리나라 현대 디자인은 1960년대 공업 근대화로부터 시작됐다. 1960년대에 생활미술, 공예미술, 상업미술, 공업미술 등을 총칭하는 용어가 응용미술이었다. 응용미술 이전에는 일제 강점기에 사용했던 용어 '공예와 도안'으로 불렀다. 1966년 대통령령으로 개최한 '대한민국상공미술전람회'는 1부 상업미술, 2부 공예미술, 3부 공업미술로 구분됐고, 4부는 굿 디자인 부문이란 이름이 붙어 부분적으로 '디자인'이란 용어를 사용했지만 대학의 학과 명칭과 교과목에는 사용되지 않았다. 모든 것이 미술이란 개념에서 벗어나지 못했던 것이다. 상공미술전람회란 명칭이 '대한민국산업디자인전'으로 바뀐 것은 1977년 12회 때부터다. 그러나 대학에서는 여전히 과거의 명칭에서 벗어나지 못했다.

학과 명칭으로 '시각 디자인', '공업 디자인' 등을 처음 사용한 곳이 바로 국민대학교 조형대학이다. 전국 모든 대학교의 응용미술 관련 학과는 모두 미술대학에 소속되어 있었지만, 국민대학교는 한국 최초로 응용미술 관련 학과로만 구성한 조형대학을 만들었다. 원래는 디자인대학이라고 하려 했지만 사회 통념상 디자인을 외래어로 인식하는 경향이 강해 부득이 조형대학으로 지은 것이다. 대신 영어로는 'College of Architecture and Design'으로 표기함으로써 자율적이고 독자적인 디자인대학임을 선언했다.

조형대학으로 출발한 다음 교수들이 밤낮으로 열심히 가르친 학생들이 만든 작품으로 3년간 연속으로 전국 순회 조형전을 열었는데, 이때 내건 슬로건이 '한국 유일의 조형대학'이었다. 이 전시는 당시 디자인의 개념을 전국적으로 알리는 데 큰 역할을 했다. 그 뒤 울산대학교에도 조형대학이 등장했으며, 1980년대 후반 상명여자대학교가 7개 학과로 구성된 디자인대학을 만들었다.

국내 최초의 디자인 전문 구인·구직 사이트

초이스원

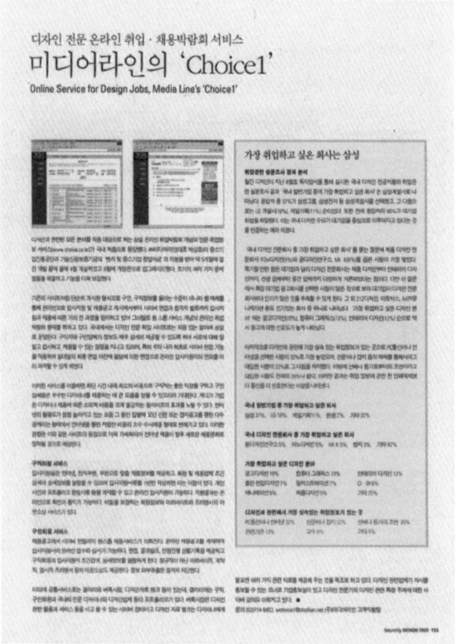

디자인 전문 온라인 취업 · 채용박람회 서비스

미디어라인의 'Choice1'

Online Service for Design Jobs, Media Line's 'Choice1'

가장 취업하고 싶은 회사는 삼성

초이스원은 IMF 외환위기를 조금씩 극복하고 벤처 창업 붐이 일던 1999년에 등장했다.

뉴 밀레니엄을 코앞에 두고 있던 1999년, IMF 외환위기를 조금씩 극복하고 한창 벤처 창업 붐이 일던 때였다. 온라인을 기반으로 한 상거래 사이트가 우후죽순처럼 생기고, '정보강국 한국'이란 말이 이즈음 유행하기 시작했다. 그 무렵 나는 오랫동안 해온 편집자 일을 접고 잠시 쉬고 있었다.

어느 날 대기업에서 전산·정보통신 관련 일을 하고 있던 막내아우가 찾아왔다. 동생은 내게 미국에서 막 개발된 '라이브 픽처'라는 소프트웨어를 보여주었다. 2차원의 사진을 여러 장 이어 붙여 3차원의 영상을 구현하는 소프트웨어였다. 이를테면 박물관이나 미술관의 전시장을 360도 빙 둘러가며 디지털 카메라로 연속해 촬영한 사진들을 이 프로그램에 업로드하면 자동으로 그 사진들을 연결하여 입체 영상을 만들어낸다는 것이다. 마치 실제 전시장을 둘러보는 것처럼 가상체험을 할 수 있는 3차원 영상 메이커, 최첨단 소프트웨어였다. 동생은 라이브 픽처의 한국 독점 판매권을 취득했다면서 시장 개척에 나서려 한다고 했다. 또 이 소프트웨어를 중점 판매하면서 온라인 상거래 사이트도 만들기 위해 구상 중이라고 했다. 이미 강남에 사무실을 열었다고도 했다. 동생도 벤처 창업 붐을 탄 것이다. 나는 라이브 픽처에 관심을 보일 만한 기업과 기관의 리스트를 작성하고, 담당자들에게 연락해 미팅 약속을 잡고, 프로그램 시연 자리에 동행하곤 했다.

그러던 중 아이디어가 하나 떠올랐다. 디자인 잡 헤드헌터 온라인 사이트를 개발하면 어떨까 하고 말이다. 『월간디자인』을 만들면서 내가 경험한 바에 의하면 디자인 관련 학과를 졸업하는 학생들의 취업 알선을 위해 교수들은 여기저기 기업에 문을 두드리고, 기업은 기업대로 디자인 인력을 찾는 데 어려움이 많았다. 온라인상에서 디자인에 초점을 맞춘 원스톱 쌍방향 구인구직 서비스를 하면 반응이 괜찮을 것 같았다.

오랜 기간 디자인 잡지에서 일하며 내가 쌓아온 인맥과 노하우, 그리고 동생의 IT 기술을 융합해 디자인 인력풀을 만들어보기로 했다. 그리하여 다시 창업에 들어갔다. 우선 강남에 있던 사무실을 마포로 옮기고 회사 이름은 '미디어라인'이라 지었다. 막 새로 생겼던 제도 '벤처 및 중소기업 창업자금'의 지원도 받아 사이트 개발을 했다. 5개월에 걸친 개발 작업을 마치고 1999년 4월 마침내 사이트를 오픈했다. 사이트 이름은 'Choice1'이었다. '선택, 넘버 원'이란 의미였다. 국내에서는 처음 개설된 디자인 전문 취업 사이트였다. 그래서였을까. 여러 매체에서 이 사이트를 주목하고 기사화했다.

> 디자이너의 구인구직 정보를 원스톱으로 검색할 수 있는 인터넷 홈페이지가 등장했다. (주)미디어라인은 최근 전문 디자이너 인력 수급 사이트 '초이스원'(www.choice1.co.kr)을 개설했다. 회원제로 운영되는 이 사이트는 매년 3만 명가량 배출되는 디자이너

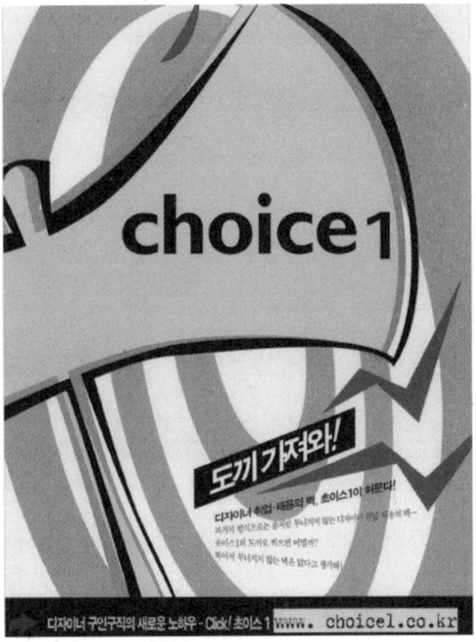

국내에서는 처음 개설된 디자인 전문 취업 사이트,
초이스원의 지면 광고.

와, 이들을 채용하려는 기업을 연결하는 전자상거래 사이트. 시각, 산업, 웹, 편집 등 디자이너 분야별로 다양한 구인 및 구직 정보를 제공하고 있다.

현재 국내외 260여 개 기업이 회원사로 가입, 필요한 구인 정보를 게시판에 올리고 있어 취업을 원하는 디자이너는 관련 정보를 한눈에 파악할 수 있다. 또 '밀레니엄 디자인'이라는 디자인 전문 웹진 서비스를 통해 최신 디자인 동향과 인터넷 디자인에 대한 세부 정보도 제공 중이다.

–『조선일보』

디자인과 관련된 모든 분야를 적용 대상으로 하는 상설 온라인 취업박람회 개념의 전문 취업정보 서비스(www.choice1.co.kr)가 국내 처음으로 등장했다. 주식회사 미디어라인(대표 박상호)이 중소기업진흥공단과 기술신용보증기금의 '벤처 및 중소기업 창업 자금'의 지원을 받아 약 5개월에 걸친 개발 끝에 올해 4월 개설했고, 8월에 개정판으로 업그레이드했다. 초기의 여러 가지 문제점들을 해결하고 기능을 더욱 보강했다. (중략)

기존의 사이트처럼 단순히 게시판 형식으로 구인, 구직 정보를 올리는 수준이 아니라 웹 매체를 통해 온라인으로 입사지원 및 채용공고 게시에서부터 사이버 면접과 합격자 발표까지 입사지원과 채용에 따른 거의 전 과정을 망라하고 있어 그야말로 원스톱 서비스 개념의 온라인 취업박람회 형태를 취하고 있다. 국내에서는 디자인 전문 취업 사이트로는 처음 있는 일이며 상설로 운영된다. (후략)

–『월간디자인』

초이스원이 어느 정도 궤도에 올랐을 때 나는 동생에게 이 사업을 맡기고 다른 일을 찾아 떠났다.

미래의 경쟁,
디자인에 달려 있다

기업 경영 전략으로서의 디자인

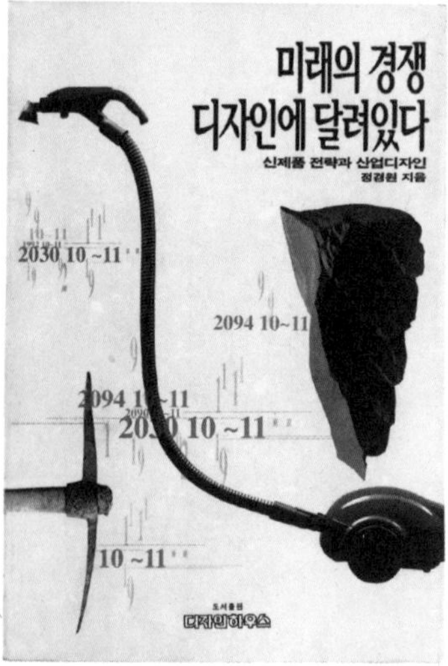

정경원, 『미래의 경쟁, 디자인에 달려 있다』,
디자인하우스, 1993.

나는 2012년 봄부터 한동안 『조선일보』에 연재된 '정경원의 디자인 노트'란 칼럼을 꽤 즐겨 읽었다. 카이스트 산업 디자인과 교수인 정경원이 폭넓은 경험과 식견을 바탕으로 다방면의 디자인 이야기를 쉽게 풀어내, 글이 참 흥미진진하고 재미있었다. 그는 그 글들을 보완해 『욕망을 디자인하라』는 제목의 책으로 출간하기도 했다. "경영 혁신을 창조하는 것은 바로 디자인"이라는 것이 그의 주장이었다.

정경원 교수는 일찍부터 이 주제에 대해 연구해온 인물로, 1987년 산업 디자인의 발상지인 영국으로 건너가 맨체스터 메트로폴리탄 대학교에서 디자인 경영 전략을 수학하고 디자인학 박사학위를 받았다.

1980년대 후반은 디자인이 기업 성공의 성패를 가르는 중요 요소라는 인식이 서서히 부상하던 시기였다. 그때 그는 '디자인이 과연 단순한 스타일링 수준을 넘어 경영 전략으로까지 발전할 수 있을까?' 하는 의문을 가졌다 한다. 이 의문을 풀기 위해 그는 그때 영국시장에서 큰 성공을 거둔 제품 아홉 개를 골라 기획-제작-판매 단계를, 판매-제작-기획 단계로 역추적하는 연구에 착수했다. 그 결과 기업에서 디자인의 역할은 세 경우로 분류된다는 결론을 얻었다.

첫째 디자이너가 기획부터 전 과정에 주도적으로 참여하는 경우, 둘째 디자이너가 상품개발 과정에 추종자로서 참여하는 경우, 셋째 디자이너가 단순히 스타일링에만 관여하는 경우가 그것이다. 그는 성공을 거둔 기업들에는 디자이너의 이 세 가지 역할이 고르게 분포되어 있음을 발견했다. 그 세 가지 역할 중 어떤 것이 더 바람직하다고 말할 수는 없고, 기업 전략이나 상황에 따라 가장 적합한 디자이너의 역할을 적용하는 것이 효과적이었다. 그 연구 결과를 담은 것이 「신제품 전략에 미치는 산업 디자인의 역할」이라는 제목의 박사학위 논문이었다.

정경원은 우리나라 디자인계 인물 가운데 거의 최초로 디자인학 박사를 받은 사람이 아닌가 싶다. 1990년대 중반에 한양대학교에 디자인 박사과정이 생겨 안상수 등도 그때 디자인학 박사학위를 받은 것으로 알고 있다. 1989년 중반에 완성된 정경원 교수의 박사학위 논문은 그해 미국의 유력한 디자인 학술지 『디자인 매니지먼트 저널』에 실렸다. 자신의 연구가 국제적인 관심을 끄는 공통된 주제라는 것에 고무된 그는 A4 용지 400매에 이르는 방대한 분량의, 영문으로 쓴 그 논문을 다시 다듬어 책으로 낼 결심을 한다.

1993년 초, 정경원은 그 초고를 들고 디자인하우스를 찾아왔다. 이전에 그가 『디자인의 발견』이란 책의 번역을 한 적이 있어 우리는 서로 알고 지내던 사이였다. 그의 이야기를 들어보니 논문이라면 딱딱할 것이라는 통념에서 벗어나 단행본으로 출판할 만한 가치가 있는 것으로 여겨졌다. 그때 생뚱맞게도 아인슈타인의

'상대성 이론'과 스티븐 호킹의 '블랙홀 이론' 논문이 떠올랐다. 그 어렵고 난해한 물리학 논문들을 쉽게 풀어 책으로 출간해 큰 반향을 불러일으킨 일이 머릿속을 스치고 지나간 것이다.

마침 삼성 등 대기업이 대대적인 CI 리뉴얼을 단행하고 새로운 경영을 선포하는 등 '디자인 경영' 도입이 한창이었다. 그의 논문을 책으로 출판하기에 타이밍도 딱 맞아떨어져 보였다. 출간하기로 하고 제목은 『미래의 경쟁, 디자인에 달려 있다』로 바꿨다. '전쟁'으로 비유될 정도로 기업들의 디자인에 대한 관심과 경쟁이 날로 치열해지던 당시 추세에 맞춘 것이었다. 적기를 타서 그런지 이 책은 발간되자마자 세인의 주목과 큰 호응을 얻었다. 일주일 만에 초판이 매진될 정도였다.

이런 관심은 곧 저임금을 기반으로 한 과거의 노동집약적 산업이 호황을 누리던 시절은 가고, 고부가가치의 고품질 제품만이 살아남을 수 있는 시대가 왔으며, 그러기 위해선 디자인이 필수 요건이란 인식이 사회 전반에 폭넓게 형성되고 있음을 의미했다. 정경원은 이 책을 통해 경영자들은 디자인의 가치와 효용을 깨닫고, 디자이너들은 경영 마인드의 필요성을 인식하고 기업 내에서 '디자인 중역'으로 성장하길 바랐다. 학생들에게는 경영 전략과 디자인은 별개의 것이 아니라 하나로 봐야 한다는 것을 알려주고자 했다.

"디자인은 겉모양을 꾸미는 화장술이 아니라 문제를 원천적으로 해결하고 새로운 것을 창조하는 도구"라고 역설한 그는 제 2대 서울시 디자인서울총괄본부장을 역임하기도 했다.

젊은 디자인 현장

디자인대학 졸업작품집

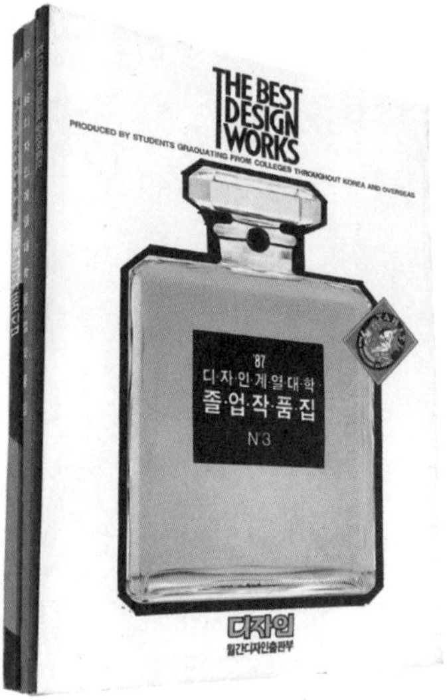

『디자인 계열 대학 졸업작품집』, 디자인하우스, 1984~87.

한 해가 저물어갈 즈음이면 대학은 분주해진다. 특히 졸업을 앞둔 학생들은 더욱 그러하다. 졸업시험이다 논문이다 해서 눈코 뜰 새도 없이 시간은 바삐 흐르고, 취업 준비까지 겹치니 청춘의 낭만은 온데간데없고 마음은 어수선하기만 하다. 거기에 디자인 전공 학생들은 졸업작품도 제출해야 한다. 학생들이 제출한 졸업작품은 교수의 지도 아래 정제를 거쳐 한자리에 모아놓고 전시를 한다. 졸업작품전은 디자인대학의 피날레다. 피날레가 끝나면 텅 빈 무대만 남기고 그 작품들은 뿔뿔이 흩어진다.

1984년, 흩어져 사라지는 졸업작품들을 한눈에 볼 수 있도록 모아 한국 디자인 교육의 현주소를 조감할 수 있는 책자를 만들자는 기획이 등장했다. 디자인대학의 교육 현장과 그 결과를 비교 분석하고, 이를 토대로 앞으로의 디자인 교육 방향과 비전을 모색하자는 취지였다. 80년대 한국의 디자인 계열(공예 포함) 대학은 전국에 4년제가 77개, 2년제 전문대학이 54개로 총 131개였다. 학교마다 디자인 계열 학과를 부르는 명칭도 커리큘럼에 따라 약간씩 달랐다. 131개 학교의 디자인 관련 학과 교수들에게 공문을 보냈다. 우리의 기획 취지를 설명하고 각 학교의 졸업작품 가운데 우수한 것들을 몇 점 골라 그것을 찍은 필름을 보내 달라는 내용이었다. 작품 제목, 학생 이름, 그리고 작품의 의도도 간단히 첨부해 달라고 했다.

반응은 뜨거웠다. 수많은 작품들이 들어왔다. 서로 경쟁이나 하듯 호응이 대단했다. 웃어야 할지 울어야 할지 어이없는 일도 있었다. 보내온 필름 중에 음화(네거티브 필름)도 있었던 것이다. 인쇄를 하려면 그 원고가 양화(포지티브 필름)여야 하는데 말이다. 디자인을 가르치는 교수 중 인쇄 상식을 모르는 이들이 있다는 사실에 실소를 금할 수 없었다.

우여곡절 끝에 졸업작품들을 모으고 선별, 오랜 기간의 편집 작업을 거쳐 1985년 3월 마침내 책이 나왔다. 제목은 『84 전국 디자인 계열 대학 졸업작품집』. 한국 최초의, 그리고 세계에서도 그 유례를 찾기 어려운 시도였다. 하이라이트만을 모은 영 디자인의 집대성이었다. 학생들의 디자인 작품을 올 컬러로 인쇄한 이 작품집은 전국 디자인대학의 우수 졸업작품 지상전이나 마찬가지였다. 아이디어가 기발해 눈이 가는 작품도 많았지만, 구체화 과정이 서툰 것도 많았다. 기성 작품을 모방한 것들도 더러 있었다. 학생들은 이 작품집을 통해 스스로의 수준이 어느 정도인가 가늠해보고, 다른 사람의 작품에 자극을 받아 새로이 결의를 다지기도 했다. 졸업을 뜻하는 영어 'Commencement'는 '시작'이란 뜻도 내포하고 있지 않은가.

권말에는 세계 디자인대학 주소록을 실었다. 『월간디자인』에서 '세계의 디자인대학'이라는 고정 지면이 있었는데, 그 기사를 위해 취재를 하며 쌓인 자료를 바탕으로 만든 주소록이었다. 영문으로 된 주소록의 사진식자 조판은 '두손'이라는 영문서체 회사

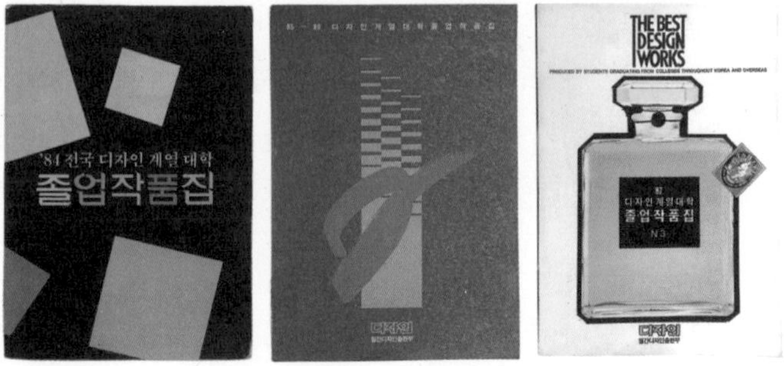

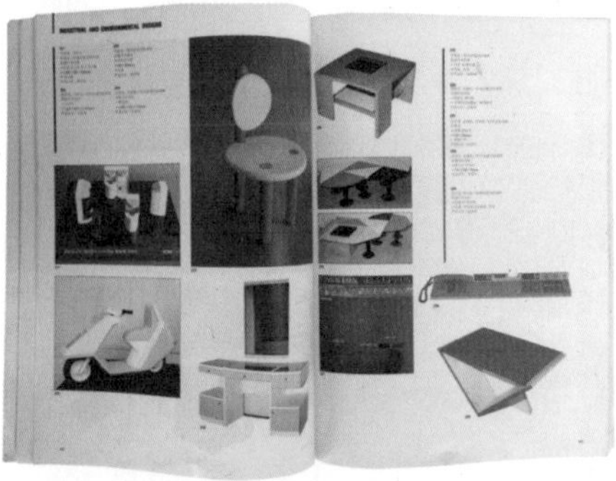

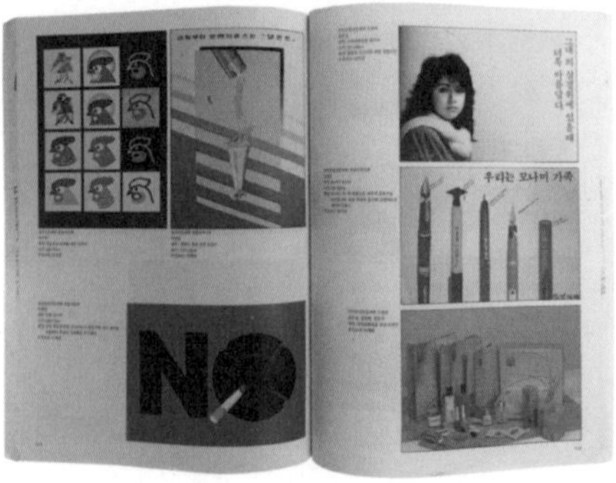

학생들의 디자인 작품을 올 컬러로 인쇄한 이 작품집은
전국 디자인대학의 우수 졸업작품 지상전이라 할 수 있었다.

에 의뢰했다. 당시 일반 사진식자 조판회사는 영문서체 폰트가 매우 빈약했지만, '두손'은 최신 영문서체 폰트를 모두 보유하고 있었다. 만만치 않은 제작비를 들여 이런 책을 낸 결단에 학계와 디자인계에서 많은 찬사가 쏟아졌다.

『월간디자인』 정기구독자들에게 선물로도 주고, 시중 판매도 했던 이 작품집은 줄여서 '졸작집卒作集'이라고 부르기도 했는데, 그 말이 '拙作集'을 연상케 하여 짓궂은 농담을 하는 이들도 종종 있었다. 말 그대로 '졸작집'이라고 말이다. 이듬해 2집부터는 한국뿐만 아니라 외국 디자인대학의 우수한 졸업작품도 함께 실었다. 미국, 일본, 유럽 등의 여러 디자인대학과의 서신 왕래라는 쉽지 않은 과정을 거쳤다. 이를 통해 한국 디자인 교육이 현재 세계 속에서 어떤 모습을 하고 있는지 비교, 검토하고 미래의 비전을 짚어볼 수 있었다. 1990년대에 들어서는 작품집 제목을 『크리에이티브』로 변경, 젊고 신선한 창의성을 담고자 노력했다.

‘변화’를
디자인하는
디자이너

평범한 북디자인

慶州 멋

스타 디자이너의 탄생

그래픽 디자이너 안상수

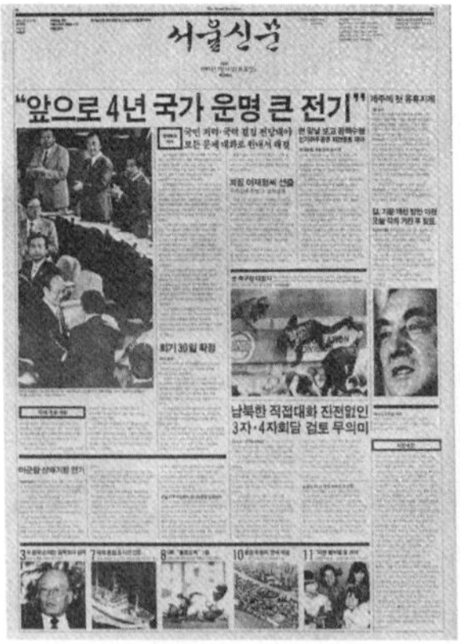
서울신문

"앞으로 4년 국가 운명 큰 전기"

남북한 직접대화 진전없인 3자·4자회담 검토 무의미

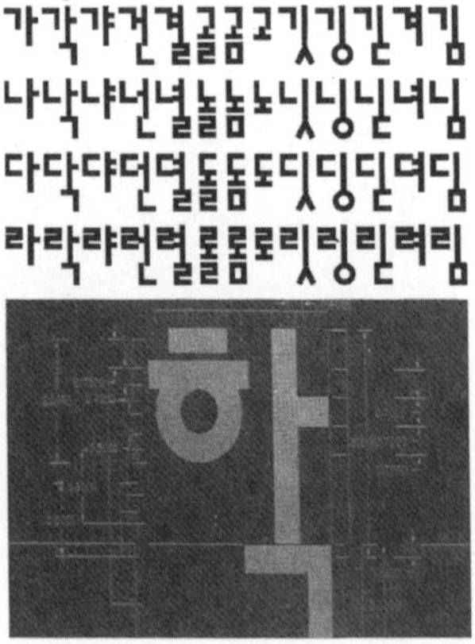

디자이너 안상수의 작업.
'신문활자의 가독성에 대한 연구'(1983)와 안상수체의 모듈(1985).

1977년『뿌리깊은나무』를 통해 나타난 '이상철 스타일'이 클로즈업되어 한국 편집 디자인의 중심 기류를 형성했다면, 1983년에는 '안상수 스타일'의 편집 디자인이 크게 부각됐다.

1983년 한 해가 저물어갈 무렵이었다. 평소 한국 디자인계에도 스타가 나와야 한다는 생각들을 하고 있던 터라, 12월호 편집회의에서 자연스레 스타 디자이너 발굴 이야기가 나왔다. 편집부에서도 이제 그 시기가 무르익었다고 판단했던 것이다. 그 이야기를 다룰 방법으로는 '올해의 인물'이란 형식이 가장 적당해 보였다. 각계에서 수집한 정보와 의견을 토대로 여러 명의 후보를 추린 다음, 그 가운데 회의를 거쳐 최종 한 명을 선정했다. 그가 바로 그래픽 디자이너 안상수였다. 그 선정 이유를『월간디자인』은 이렇게 썼다.

> 이 해를 보내면서 본지는 올해 비교적 성실하게 일을 해왔고, 또 참신한 의욕을 보였다고 생각되는 젊은 디자이너 한 사람을 골라 1983년의『월간디자인』마지막 호를 장식하고자 한다. 수십여 일에 걸쳐 일선 디자이너들과 관계 인사들을 두루 찾아 의견을 들어보고 숙고한 끝에 올해 '신문활자의 가독성에 대한 연구'로 한국신문상을 받았고,『멋』이라는 대중지 창간에 주도적 역할을 하여 아트 디렉터가 대중 잡지의 모든 책임을 맡는 새로운 이정표를 세워 잡지의 새로운 길을 모색한 안상수 씨를 뽑았다. 일반인

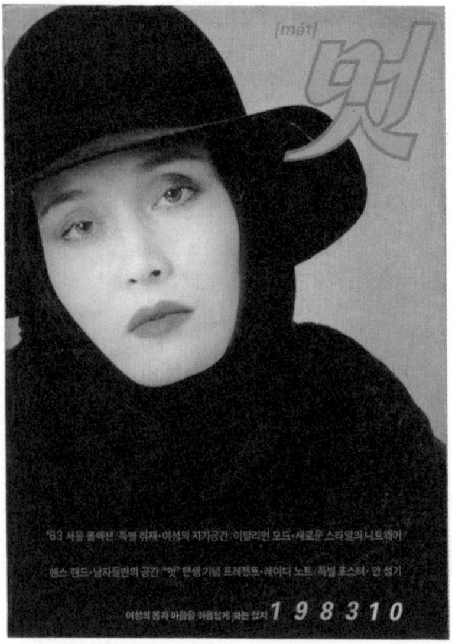

안상수가 아트 디렉터로 참여한 잡지 『멋』.

이 매일 접하는 신문이라는 매체의 활자에 시지각적 면에서 깊은 관심을 보이고 또 어떻게 보면 대중의 생활양식을 이끄는 데 큰 역할을 하는 잡지라는 매체를 디자이너가 주도한다는 것은, 디자이너의 사회적 역할을 다하려는 노력으로 우리에게는 보였다.

관련 인터뷰에서 그는 자신의 타이포그래피 지론을 이렇게 말했다.

저의 지론은 '기능'입니다. 타이포그래피는 활자 매체를 대상으로 한 학문이에요. 전파, 그림, 소리와 마찬가지로 활자는 매체입니다. 활자 개념은 지금에 와서 많이 바뀌었습니다. 활자는 인쇄와 직결되며 인쇄 그 자체가 활자라고도 할 수 있지요. 그리고 활자의 역사가 곧 그래픽 디자인의 역사라 하겠어요. (중략)

산업혁명이 일어나고 시민교육이 보급됨에 따라 문맹자가 줄어들고 책이 대량 보급되다 보니 정보의 양이 많아졌는데, 이때부터 기능의 문제가 대두됩니다. 신을 위한 것이 아니라 인간을 위한 활자 개념이 나타난 것이지요.

'형태는 기능을 따른다'는 바우하우스의 입장은 그러한 개념에서 나온 것입니다. 이는 바우하우스의 독단적인 생각이었다기보다는 사회적으로 요구된 것이 그곳을 통해 나왔을 뿐입니다. 이제 책이라는 것은 사람이 읽고 쓰기에 편하면 우수하다고 봅니다. 다시 말해 사람을 위한 것 자체가 기능이에요. 기능은 쉽게 전달된다는 것을 말합니다. 그러니까 타이포그래피의 속성은 '전달+기능'이에요. 따라서 전달이 결여된 타이포그래피는 무의미합니다. 그러한 것은 실험에 지나지 않아요. 저는 그것을 구분하고 싶습니다.

일본 사람들을 보면 글자를 가지고 전등을 만들고 회화적인 표현을 하는 등 타이포그래피에서 장난을 하는데, 그걸 전부로 착각하고 모방하면 곤란해요. 저는 예외라는 것, 파격이라는 것도 격을 갖춘 다음의 문제라고 봐요. 데포메이션도 포메이션이 갖추어진 다음에 해야지요. 저는 그런 실험 자체를 거부하는 것이 아니라 그렇게 하기에는 아직 우리의 터전이 허약하다고 봐요.

외국의 경우에는 타이포그래피를 4년 동안 공부하지만, 우리나라의 경우에는 보통 레터링과 타이포그래피를 한 학년에서 끝내버립니다. 이건 사실 심각한 문제라고 봐요. 저는 그래픽 디자인의 가장 본질적이고 원천적인 것이 타이포그래피라고 생각해요. 우리나라는 분명 타이포그래피에 있어 훌륭한 유산을 물려받았습니다. 금속활자도 세계에서 제일 먼저 발명했고, 그런데도 타이포그래피를 신중하게 받아들이지 않는 우리의 풍토에 문제가 있다고 봅니다.

—『월간디자인』 1983년 12월호 중에서

안상수는 이런 타이포그래피 지론을 토대로 1986년 한글의 모듈화를 완성했다. 한글의 모듈화는 안상수를 통해, 컴퓨터를 동원한 조립형 문자로서 최초의 완성을 이루었다. 그것은 바로 '안상수체 볼드'와 '안상수체 미디엄'이었다. 당시 안상수의 연구실(안그라픽스)을 방문한 적이 있는데, 한국의 현대 그래픽 디자인이 그의 손을 통해 급속도로 변모하고 있다는 것을 직감할 수 있었다. 여러 대의 컴퓨터 속에는 이미 상당량의 CAD가 완성되어 입력돼 있었고, 많은 일들이 합리적인 프로세스로 처리되는 광경을 목격했다. 그의 연구실엔 조직력과 추진력이 넘쳤다.

이후 안상수는 '안그라픽스'라는 편집 및 디자인 회사를 설립했고(현재는 출판사로 영역을 넓혔다), 홍익대 교수를 거쳐 지금은 파주타이포그래피학교를 운영하며 타이포그래피 연구를 하는 동시에 후학을 기르고 있다.

한국 편집 디자인의 선구자들

아트 디렉션의 최초 도입

한국 편집 디자인의 선구자로 나는 두 사람을 꼽는다. 이상철과 황부용이 바로 그들이다. 편집 디자인의 모든 요소—활자, 사진, 그림, 그래프, 스트럭처 등—가 포함된 매체가 잡지다('Magazin'에는 '창고'라는 뜻도 있다). 1970년대까지만 해도 한국 잡지는 활판 인쇄 시스템으로 제작되어 편집 디자인 개념 자체가 없었다. 레이아웃 개념도 없어 편집자가 대충 그림으로 지면을 그려 인쇄소에 넘기면 문선공文選工이 지형紙型을 만들고 이것을 인쇄기로 돌려 잡지를 만들었다.

1970년대 중반 활판 인쇄에 뒤이어 사진식자 시대로 접어들었다. 식자기는 일본에서 들여왔는데, 샤켄寫硏'과 '모리자와森澤' 두 가지가 있었다. 전자는 '사진식자연구소'의 약자, 후자는 개발자 이름에서 비롯되었다. 그 안에 들어가 있는 한글 서체(명조체, 고딕체 등)는 한국인 최정호가 쓴 것이다. 그는 한국에서 서체쟁이로 천대받다가 그 가치를 알아본 일본 사진식자회사의 초청을 받아 일본에서 일했다고 한다. 활자를 '핫타입Hot type', 사진식자를 '쿨타입Cool type'이라 불렀다.

『뿌리깊은나무』가 창간될 때, 아트 디렉터였던 이상철은 생각했다. 핫타입의 느낌이 나면서 쿨타입의 지면이 되게 할 방법이 없을까? 고민하다가 활판으로 조판된 것을 전사轉寫하여 필름을 떠서 인쇄하는 방식을 생각해냈고, 그렇게 『뿌리깊은나무』 창간호가 만들어졌다. 이후 그는 외국 잡지를 보다가 어떤 체계를 발견하는데, 그것이 바로 그리드 시스템이었다. 순전히 독학으로 알아낸 것이다. 우리나라에서 그리드 시스템을 최초로 적용한 잡지가 『뿌리깊은나무』다. 이상철은 상고를 나와 산업은행 도안과에서 사회생활을 시작했다. 정규 디자인 교육을 받은 적이 없었다는 뜻이다.

한국에 편집 디자인이란 개념 자체가 없던 1970년대 이상철이 현장에서 선구적 역할을 했다면, 교육과 현장(1976년 『월간디자인』 초창기)에서 선구적 역할을 한 사람은 황부용이다. 황부용은 1970년대 중반 명지전문대 교수로 재직하면서 한국 최초로 편집 디자인 커리큘럼을 만들었다. 교육 방식도 독특했다. 『에스콰이어』나 『뉴요커』 같은 외국 잡지를 해체한 다음 원상 복구하게 함으로써 학생들로 하여금 잡지의 페이지 배열이 어떻게 흘러가는지 체득하게 했다.

황부용이 가르친 학생들이 한동안 잡지 편집 디자인계를 주름잡던 때가 있었다. '황부용 사관학교'였던 셈이다. 황부용은 '황미디엄'이란 헤드라인용 서체를 개발, 최초의 한글 타이포그래피 책을 낸 디자이너이기도 하다. 그리고 우리나라에서 잡지에 아트 디렉터 개념을 도입한 최초의 인물이기도 하다.

황부용은 중학생 시절부터 미술 선생님의 영향을 받아 상업미술에 뜻을 두었고, 대학에서 그래픽 디자인을 전공하며 동기생이던 김진평, 윤학중과 더불어 '그래픽 트리오'로 불릴 정도로 유명했다. 조영제, 양승춘, 구동조, 김현 등과 함께 우리나라 초창기 CI 중 하나인 제일모직 CI 프로젝트에 참여했으며, 이후 잠시 합동통신 광고기획실 디자이너로 근무하다가, 명지전문대학에서 편집 디자인을 가르쳤다. 『월간디자인』과의 인연은 창간 때부터 시작됐다. 비상임 아트 디렉터로 참여, 잡지 디자인의 새로운 지평을 열었으며, 나와 윤학중과 더불어 시각문화문고 시리즈를 발간하기도 했다.

서울올림픽 대회가 유치되자 서울올림픽대회조직위원회 디자인실장으로 디자인계의 올림픽 참여를 유도하면서, 서울아시안게임의 스포츠 및 안내 픽토그램, 공식 포스터 시리즈, 서울올림픽 스포츠 픽토그램 등을 디자인했다. 1995년부터는 2년간 『중앙일보』의 편집 담당 전문위원으로 위촉되어 한글 가로짜기 신문 디자인 개혁을 주도했으며, 『경상일보』, 『전자신문』, 『조선일보』 등의 편집 디자인 시스템도 개발했다.

황부용은 그래픽 디자이너로서 CI, 편집 디자인, 타이포그래피, 포스터, 일러스트레이션 등 다양한 분야에 능했다. 달변가이면서 필력이 좋은 문장가로 꼽히기도 했다. 『월간디자인』에 '이미지를 만드는 사람들'이란 글을 연재했으며, 여러 일간지에 디자인 관련 에세이도 자주 기고했다. 이처럼 40년에 걸쳐 그래픽 디자이너로서 화려한 커리어를 쌓아온 그는 이제 화가의 길을 걷고 있다. 지난 2011년 봄, 황부용은 예술의 전당 미술관에서 '힐링 그래피즘'이라는 새로운 용어를 개척하며 개인전을 열었다. 화가로 데뷔한 것이다. 환갑을 맞이하여 화가로서 새 인생을 시작한 감회를 그는 이렇게 밝혔다.

> 많은 예술가들이 60대 이후에 대표작을 내놓았다. 하이든은 〈천지창조〉를 66세에 작곡했고 소포클레스는 75세에 『오이디푸스 왕』을 썼으며 괴테는 81세에 『파우스트』를 탈고했다. 앵그르는 그의 대표작 〈터키탕〉을 82세의 나이에 그렸다.
>
> 레오 리오니도 삶의 황혼기에 그림책 작가로 데뷔해 엄청난 성공을 거두었다. 그래픽 디자이너로서의 인생을 살다가 은퇴를 결심한 후 89세를 일기로 세상을 떠날 때까지 그는 무려 40여 권의 그림책을 만들었다. 94세를 일기로 별세한 '통영의 피카소'라고 불렸던 전혁림 화백의 만년 인생 열정도 내게 큰 감동을 주었다. 그는 93세가 되던 해 12월까지도 붓을 놓지 않았다고 한다.
>
> 남은 인생, '힐링 그래피즘'의 연구와 개발로 영원한 현역이 되어 구름에 달 가듯이 유유자적하며 살아갈 수 있을까? 남은 인생도 나는 쉬지 않고 무언가 글을 쓰고 그림을 그리면서 부지런히 살아가리라.

한 디자이너가
우리 사회에 남긴 흔적

디자이너 정준

디자이너 정준의 대표작들.

KBS TV의 밤 아홉 시 뉴스를 볼 때면 가끔 그리워지는 이가 있다. 바로 디자이너 정준이다. 지구를 쌍방향으로 감싸며 도는 형태의 KBS 심벌이 그의 작품이기 때문이다. 2004년 어느 날 저녁, 나는 디자인계 지인들과 술자리를 가졌다. 그 자리에서 정준이 세상을 떠났다는 소식을 한참 뒤늦게 들었다. '아! 별 하나가 졌구나.' 만시지탄이었다. 먼 길 떠나는 그에게 작별 인사를 하지 못한 게 한으로 남았다. 술자리는 자연히 그를 추모하는 자리가 되었고, 그에 대한 회상이 밤늦도록 이어졌다.

콧수염을 멋지게 기르고, 훤칠한 키에 슈트가 잘 어울렸던 비즈니스 맨. 정준은 우리나라에서 처음으로 디자인 전문 회사를 설립하고, 선진 디자인 방법론을 도입했던, 한국 CI 디자인계의 큰 별이었다. 그는 바하이교라는 특이한 종교를 믿었는데, 그 경전에 "일을 성의껏 열심히 하면 그것은 기도와 마찬가지"라는 구절이 있다며, 인간은 누구나 자기가 맡은 일이 무엇이든 열심히 하면 결국 남에게 봉사하는 것과 마찬가지며 따라서 그것은 곧 오랜 기도와 같다고 풀이해주기도 했다. 그가 바하이교의 율법에 따라 금식하는 모습을 종종 보았다.

어릴 때 외교관이었던 아버지를 따라 홍콩에서 2년, 일본에서 6년을 살다가, 미국 괌에서 외국인학교를 다닌 그는 세상에는 각양각색의 사람들이 서로 다른 모습으로 살고 있지만 본성은 다르지 않다는 것을 일찌감치 깨달았다고 한다. 그러면서 서로 다른 문화권을 연결해주는 일을 하고 싶다는 꿈을 키웠고, 하와이 주립대학교에서 저널리즘을 전공했다. 그러나 졸업을 얼마 남기지 않은 시기에 시각 분야로 방향을 틀어 시카고로 건너가 일리노이 공과대교에서 시각 디자인으로 전공을 바꾸었다. '미술은 개인의 만족을, 디자인은 타인의 만족을 위한 것'이라 주장하며 미술과 디자인의 차이점을 강조하는 일리노이 공과대학교에서 정준은 디자인을 논리적으로 배우고 익혔다. 케이스 스터디 등을 통해 마케팅 데이터와 시각 커뮤니케이션의 상관관계를 배우고 마케팅 감각을 키웠다.

대학을 졸업하고 '디자인 플래닝 그룹'이란 회사에 들어가 '시어스 타워', 'J. C. 페니' 등 이름난 기업들의 디자인 시스템 일을 하면서 많은 경험을 했다. 디자인 플래닝 그룹에는 『ID 매거진』을 창간한 제이 더블린이 고문으로 있었다. 더블린은 마케팅 분야에서 최고의 전문가로 인정받는 사람이었다. 1977년 정준은 동료들과 함께 '커뮤니케이션 디자인 그룹'을 설립했고, 1981년에는 '포커스 브로드캐스팅'이란 방송국을 차렸다. 이 둘을 합쳐 '포커스 커뮤니케이션즈'로 회사명을 바꾸었다.

그러나 방송 사업은 본업인 디자인과 거리가 멀다고 판단, 1982년에 회사를 팔고 하와이로 돌아가 '디자인포커스 인터내셔널'을 설립한다. 그때 파트너는 일본 다마 미술대학을 졸업하고 다수의 그래픽 프로젝트를 경험한 우라노라는 이였다. 그해 정준

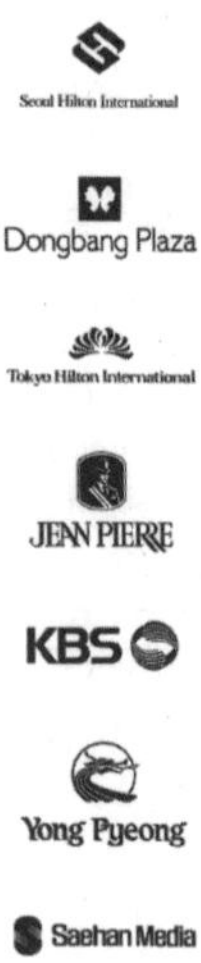

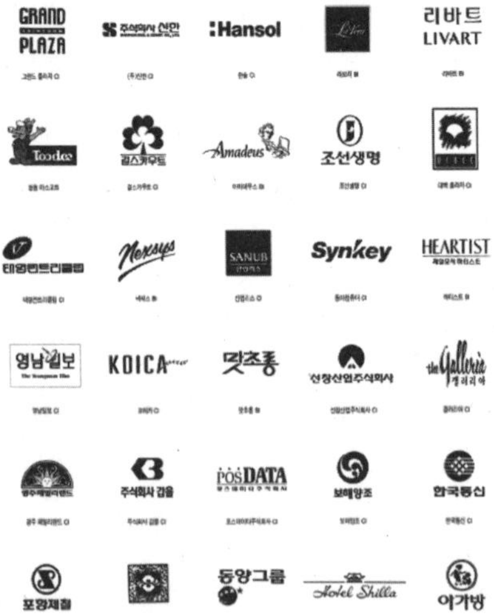

왼쪽 1980년대 초반 정준이 세운 회사 '디자인 포커스'의 작업.

오른쪽 1980년대 중반부터 1990년 초반 '심팩트'의 작업.

은 시장 조사 차 서너 차례 한국을 방문했다. 당시 한국은 한창 서울올림픽 유치에 열을 올리고 있었다. 때마침 서울올림픽조직위원회에서 올림픽 휘장과 마스코트 디자인 공모전을 열고 있었고, 그도 거기에 작품을 출품, 1위 양승춘, 2위 양호일에 이어 3위로 당선후보작에 추천되기도 했다. 그때 그가 디자인한 휘장이 지금의 KBS 심벌이다.

한국에서 그가 처음 맡은 일은 힐튼 호텔의 그래픽 작업이었다. 호텔을 상징하는 심벌마크부터 욕실의 액세서리까지 아우르는 프로젝트를 하와이 본사를 중심으로 진행하다가, 1984년 같은 이름으로 서울 지사를 차렸다. 한국 최초의 디자인 전문 법인 회사였다(파트너는 그래픽 디자이너 구정순). 이후 동방플라자의 CI, 제일제당의 백설햄 BI 및 패키지 디자인, 남성복 메이커인 잔피엘의 BI, KBS의 CI, 대한생명 63빌딩의 각 업장 아이덴티티 작업, 그리고 용평 리조트 CIP, 반도패션의 패밀리 브랜드 아이덴티티, 새한미디어 CI 등 수많은 프로젝트를 맡아 진행했다.

동시다발적으로 여러 기업의 시각 커뮤니케이션 작업을 하면서 단시간에 두각을 나타낸 정준을 『월간디자인』은 1985년 '올해의 인물'로 선정했다. 그때 그가 한 말이 매우 인상적이었다.

영광스럽기도 하고 한편으로는 부담스럽기도 합니다. 예를 들면 서부영화에서 곧잘 보이는 장면처럼, 어떤 사람이 오래 떠나 있던 고향에 돌아왔을 때 반갑게 웃고 악수를 청하는 낯익은 사람들과, 그 뒤켠에서 '저 자가 누구일까?' 하는 낯선 얼굴들이 동시에 보일 때 느껴지는 상반된 두 가지 감정과도 같다고나 할까요. 이런 경우 후자의 부담감이 더 크게 느껴지게 마련이지요.

일찍이 정준을 알아본 광고계의 원로 신인섭 선생이 "동서 문화의 소산인 그가 새 바람을 일으키리라" 하고 기대했던 대로 그는 우리나라 디자인계에 새로운 바람을 불어넣었다. 디자인파크, 인피니트, 디자인브리지, 엑스포 등 CI 전문 회사들이 줄줄이 등장했고, 교수 연구소 성격의 CI 팀이 법인으로 전환하여 본격적인 CI 회사 경쟁 시대를 열었다. 조영제 교수 연구팀은 'CDR'로, 안정언 교수 연구팀은 '올 커뮤니케이션'으로, 권명광 교수 연구팀은 서울그래픽센터를 거쳐 '그레이피쉬'로 이름을 달았다.

기업이 한층 더 성장하기 위해선 이미지가 중요하다는 점에 눈뜬 경영자들은 앞선 개념의 디자인을 원했고, 디자인 전문 회사의 등장을 반겼다. 이윤 창출의 수단으로써 디자인이 막강한 화력의 무기가 될 수 있다는 인식이 확산됐고, 글로벌 스탠더드의 디자인도 제기되었다. 정준의 CI 작업은 체계적 과정을 거쳐 글로벌 스탠더드를 갖추었다. 당시 그의 말을 빌리면, 그 과정은 이러했다.

우선 그 조직의 배경 브리핑을 받은 다음 시각적 조사를 하고, 조사의 결과를 가지고 경영자들과 이야기하고, 그 과정을 통해 우리는 그 조직을 파악하며, 이 단계가 지나면 그 다음 조사 단계에서 '과연 문제점은 무엇인가' '어떻게 포지셔닝해야 할 것인가' 등을 조사한다. 이 결과를 종합하고 분석하여 리포트를 제출, 첫 프레젠테이션을 한다. 여기서 구두로 디자인의 방향을 결정하는 '크라이테리아Criteria'를 설정한다.

클라이언트와 결정된 이 기준을 우리 스태프들에게 브리핑, 브레인스토밍 등 여러 토의를 거쳐 점차 디자인을 찾고 범위를 좁혀간다. 디자인이 구체화되면 그 디자인들에 대한 '아키타이프Archetype' 조사를 실시한다. 여기서 아키타이프는 약간의 변형이나 개선은 필요하지만 소비자들의 기대를 크게 져버려서는 안 된다. (중략)

이것이 끝나면 며칠에 한 번씩 모여 수많은 스케치 가운데 약 14개 정도를 가려낸다. 그 다음 다시 3개 정도로 시안을 추려 클라이언트에게 프레젠테이션을 한다. 이때 어떤 경영자들은 세 가지 가운데 하나를 고르는 것이 아니라 그 세 가지 디자인의 좋은 점들을 종합한 디자인을 요구하는 경우가 있는데, 그 욕심이 재미있다고 느껴졌다. 어쨌든 이 미팅 후에 3차 프레젠테이션을 갖고 그 다음에는 그 응용 방법과 발표 시기, 발표 방법 등을 결정한다.

그의 경영 철학은 '효과적인 마케팅 전략과 적절한 디자인 해결책의 배합'이었다. 정준은 또한 프레젠테이션에 강한 것으로 매우 유명했다. 그는 디자이너에게는 "프레젠테이션 과정에서 주변에 개발되어 있는 디자인 재료들을 잘 활용해 정성껏 준비했다는 인상을 심어주는 기술이 절대적으로 필요하다"고 했다. 디자인료 책정을 위한 산출 기준도 만들었다. 하나의 프로젝트에 소요되는 총 인건비 및 운영경비와 그에 따른 기간을 측정하여 총 스태프 중 직접적인 수입원과 연결되는 인원수로 나눈 뒤 그것의 30~40퍼센트를 가지고 산출하는 식이었다. 정준에게 그 양식을 받아 다른 디자이너들에게 참고하라고 전해주었던 기억이 난다.

여러 나라에서 살았고 또 여러 나라를 돌아다니면서 다양한 경험을 했던 그는 영어에 능통했고 중국어, 일본어도 할 줄 알았다. 다만 한국 문화에 익숙지 않고, 한문을 잘 모르며, 한글을 읽는 속도가 느려 고충이 많았다. 정준은 한국 사회에 대해 잘 알았다면 오지 않았을지도 모른다고 했다. 문화적 갭은 그를 힘들게도 했지만, 남다른 발상의 근원이 되기도 했다. 특히 국내시장과 국제시장의 차이점을 파악하고 그것을 자양분으로 삼을 수 있었다는 말을 하기도 했다.

1986년 '디자인포커스'는 파트너인 구정순 사장이 인수하고, 정준은 1988년 새로 '심팩트'를 설립한다. 'Sympact'는 '함께'라는 뜻의 'Sym'과 '약속'이란 뜻의 'Pact'의 합성어다. 심팩트를 통해 그는 국제적 감각을 겸비한 디자인 개발과 마케팅 디자인 도입에 힘썼다. 나중에는 『월간디자인』에 한동안 '정준 칼럼'을 기고하는 등 글을 통해 자신의 디자인관을 펼치기도 했다. 누구에게나 귀 기울이며 경청하던 태도, 논리적이면서도 따뜻하게 말할 줄 알았던 사람. 정준은 비록 떠났지만, 그의 디자인 정신은 살아남아 우리 곁을 지키고 있다.

한국 출판 디자인사의 한 장

북 디자이너 정병규

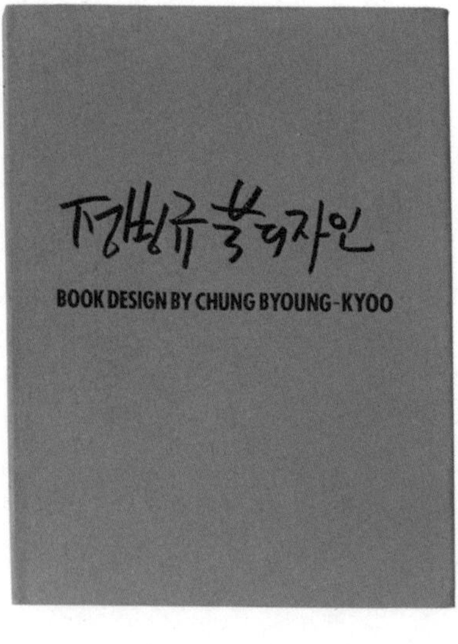

정병규, 『정병규 북 디자인』, 생각의 바다, 1996.

1996년 여름 서울 청담동 지현 갤러리, 한국 최초로 북 디자이너의 개인전이 열려 큰 관심을 끌었다. 전시 제목은 '정병규 북 디자인'전으로, 우리나라 북 디자인의 선구자로 평가받는 디자이너 정병규가 1970년대부터 20년 동안 작업했던 3,000여 종의 책 가운데 500종을 골라 내놓은 대규모 전시였다. 그가 디자인한 책들을 보는 것만으로도 1970~90년대 우리나라 북 디자인의 흐름과 역사를 한눈에 볼 수 있다 해도 과언이 아니었다.

정병규는 편집자로 일하다가 북 디자이너로 전향한 사람이다. 디자이너로서 그가 걸어온 길은 실험의 연속이었고, 그의 새로운 시도는 곧 한국 북 디자인의 새 장을 열었다. 개인전에 즈음하여 그는 이렇게 소회를 밝혔다.

> 북 디자인은 장식이나 독자를 현혹하기 위한 도구가 아니라 책 자체의 중요한 구성 요소라는 점을 독자와 출판인 모두 알아준다면 북 디자이너 1세대로서 더 바랄 나위가 없습니다. (중략)
>
> 북 디자이너가 되어야겠다는 생각을 갖고 맨 처음 디자인한 책이 한수산의 『부초』입니다. 당시로서는 파격적인 표지였지요. (제가 디자인한) 3,000권 중에서 단 하나를 꼽으라면 주저 없이 저는 그 책을 듭니다.

전시장에는 『부초』를 비롯해, 밀란 쿤데라의 『참을 수 없는 존재

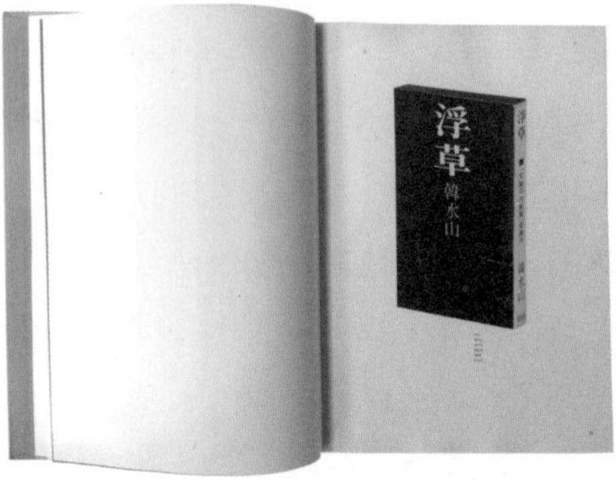

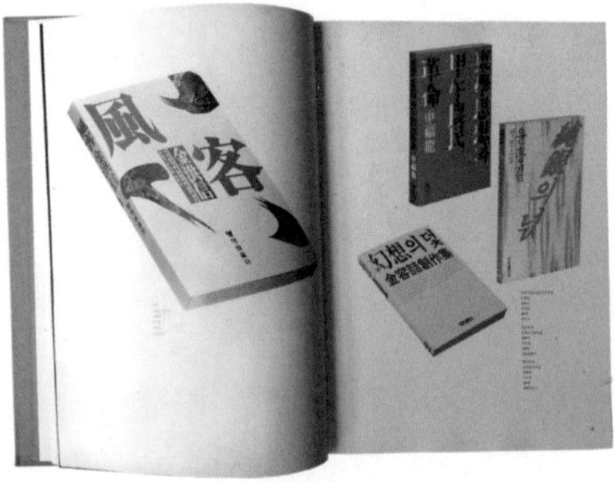

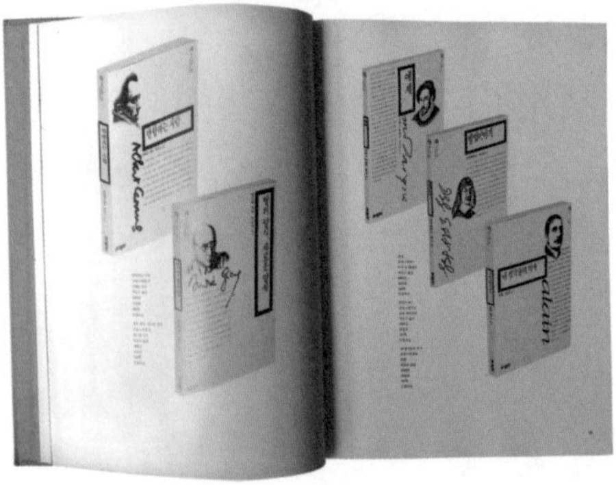

1996년에 열린 '정병규 북 디자인'전은 그가 1970년대부터 20년 동안 디자인했던 3,000여 종의 책 가운데 500종을 골라 내놓은 대규모 전시였다.

의 가벼움』, 이문열의 『사람의 아들』 등 수많은 단행본과 민음사의 '오늘의 작가 총서', 열화당의 '미술문고' 같은 시리즈물들, 그리고 사진작가 강운구의 사진집 『경주 남산』, 『한국의 탈과 탈춤』에 이르기까지 다채로운 책들로 가득했다. 또 본문 디자인의 통념을 깼던 계간지 『대화』 등 다양한 작업도 볼 수 있었다.

그가 디자인한 책의 표지에서 제목과 그림을 제거하고 사각형 등 그래픽 요소만을 뽑아 포스터 형식으로 제작한 '북 그래픽'도 눈길을 끌었다. 원고지에 담긴 글을 책으로 탈바꿈시키는 북디자인 과정을 담은 패널들도 관람객들의 이해를 도왔다. 이에 대해 그는 "북 디자인 전시회는 선례가 없어 어려움이 많았다"면서 "입체적인 디스플레이를 통해 책의 껍데기뿐만 아니라 책 속으로 파고드는 북 디자인의 세계를 관람객들이 이해해주길 바란다"고 말했다.

전시를 여는 동시에 그는 자신이 디자인한 작품 700점을 추려 『정병규 북 디자인』이란 제목으로 책도 냈다. 나는 이사를 다니면서 수많은 책을 버리곤 했는데, 이 책만은 꼭 챙겨 지금도 서가에 꽂혀 있다. 그에게 직접 받은 책에는 그의 친필 사인과 함께 이렇게 적혀 있다. "책이라고 묶어놓으니, 감개가 무량합니다. 이해가 되시겠지요. 시간의 흔적을 읽어주세요." 작품집 후기에서 그 시간의 흔적과 책에 대해 정병규는 이렇게 썼다.

책이란 나에게 무엇인가. 그것은 나에게 애愛와 증憎을 동시에 일으키는 대상이다. 책 사랑만 했다고 할 수 있다면 간단하겠지만, 몸과 마음이 그렇지가 못하다. 마치 우리의 인생이, 삶의 내용이 희로애락이라는 넉 자로, 그야말로 허전하게 요약되듯 책이란 나에게는 삶의 그런 희로애락과의 등가물인 셈이다.

그릇은 음식을 담기 위한 도구이다. 그릇 없는 식탁 문화는 생각할 수가 없다. 제대로 된 그릇은 그릇 자체만으로도 가치를 지닌다. 잘 요리된 음식이 격이 어울리지 않게 때로는 아무것에나 담겨져 나오기는 해도, 값진 그릇에는 값진 음식이 담겨지게 마련이다. 허기의 도가 넘치면 그릇이고 뭐고 아무것도 안 보일 테지만, 사람들은 요리를 궁리하면서 동시에 그릇 만들기를 하지 않았는가. 음식은 그릇과 더불지 못하면 문화가 되지 못한다.

안상수는 "그는 '나는 그림을 못 그린다' 한다. 그는 속칭 디자인계 출신이 아니기 때문이다. 대학에서 디자인 교육을 받지 않았기에 그는 오염되지 않았다. 그는 속 빈 디자이너들을 경멸한다. 그는 서툰 디자인 장난을 봐주지 않는다"라고 썼고, 당시 『서울신문』 논설위원이자 출판평론가였던 이중한은 "누군가 언제는 한국 출판 디자인사를 쓸 것이다. 그의 이야기가 이미 독립된 한 장章이 될 것이라는 것은 결정된 것이지만 한국 북 디자인의 세계화라는 과제는 이제부터 시작되는 새 장인 것이다. 때문에 할 일

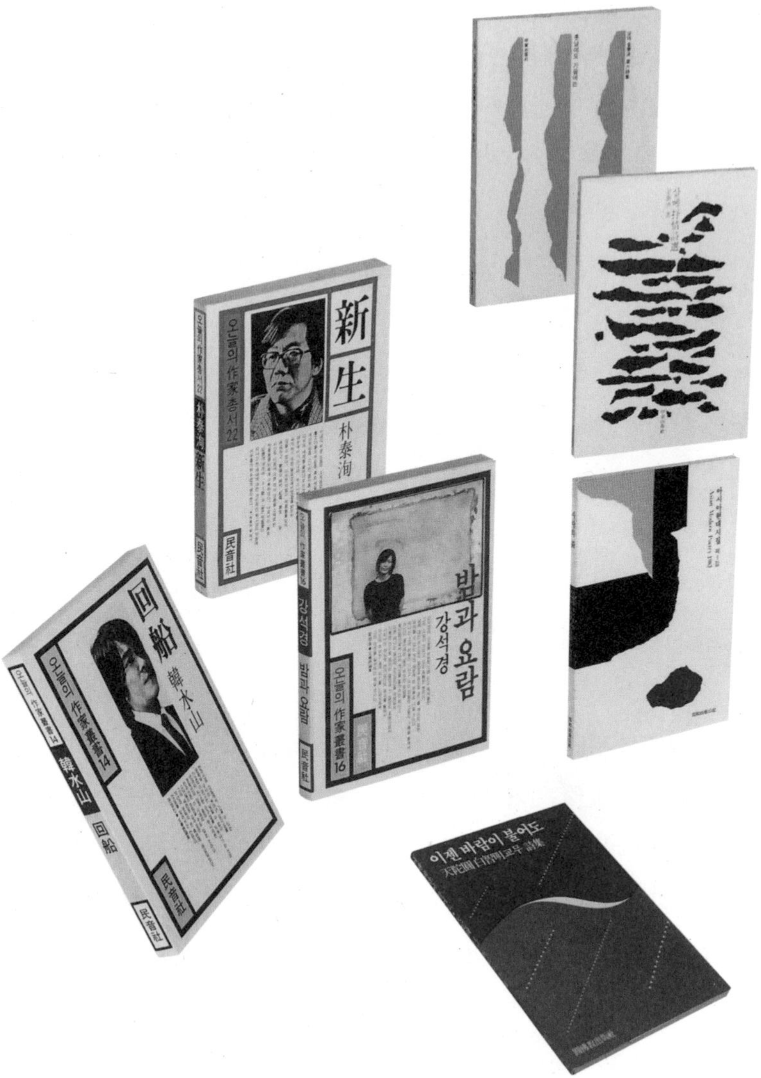

정병규가 디자인한 책들을 보는 것만으로도 1970~90년대
우리나라 북 디자인의 흐름과 역사를 한눈에 볼 수 있다.

은 이제부터라고 요구하는 것이 부담이 된다 해도 지금 이 일을 부탁해야 할 사람을 (정병규 말고) 따로 찾기는 어려울 것이다"라고 했다. 또 신화 연구가이자 번역가인 이윤기 선생은 "그의 디자인을 보면서 종종 디자인이라고 하는 것은 '비주얼 포오이트리'(시각적 시정)의 표현이 아닐까 생각하고는 한다. 그는 아니라고 하지만 내가 보기에는 그는 시를 쓰고 있는 것 같다"라고 했다.

내가 그를 처음 만난 것은 1984년 『월간디자인』 특집 '어린이 도서와 일러스트레이션' 좌담 자리였던 걸로 기억한다. 그 좌담에는 김현, 황부용도 함께했다. 서로 이름은 알고 있었으나 만나는 것은 처음이었다. 정병규는 1970년대에 이미 편집자로서 이름이 알려져 있었다. 민음사와 홍성사 등에서 편집자로 일하면서 많은 책을 기획·편집했다. 특히 그가 기획한 홍성신서 1호 에리히 프롬의 『소유냐 삶이냐』는 당대의 베스트셀러였다.

편집자의 길을 걷던 그는 1979년에 전기를 맞는다. 그해 일본 도쿄에서 열린 유네스코 편집자 트레이닝 코스에 참가한 것이 계기였다. 그때 그는 거기서 북 디자인이란 새로운 영역을 발견했고, 북 디자이너라는 직업의 존재를 처음 알았다. 이후 1980년대 초, 북 디자인의 뿌리라 할 수 있는 전통 수제본手製本에 대해 배울 수 있기를 바라며 프랑스 파리의 에콜 에스티엔으로 유학을 떠났다. 그 학교에서 그는 로베르 마생이 작업한 『대머리 여가수』(이오네스코의 희곡)의 타이포그래피 디자인에 대한 프랑스인들의 자랑을 듣기도 하고, 잡지 한 권에 실린 알파벳 종류를 모조리 분류하라는 과제, 콜라주 연습, 시적 이미지를 정치적 이미지로 변형시키라는 말을 잘못 알아듣고 과제를 거꾸로 해가는 등 매일 새로운 경험을 하며 바쁘게 공부하고 북 디자이너임을 증명하는 졸업장을 받았다.

유학 당시 뒤프랑이라는 교수로부터 "책을 만드는 것은 건축물을 짓는 일과 같다"고 수없이 듣다 보니 자신도 그렇게 믿게 됐다는 정병규는 유학을 마치고 돌아온 직후의 작업에 대해 이런 말을 했다.

> 나는 이제 겨우 10평 정도의 집이나마 지을 수 있는 목수쯤 될까? 그러면서도 표지다 뭐다 하고 이 집 저 집 대문이나 울긋불긋하게 만들고 있는 것이 아닌지 모르겠다.

1983년경 프랑스 유학을 마치고 돌아와 '정병규디자인'을 차리고, 그가 디자인해 내놓은 책들은 출판계에 신선한 충격을 던졌다. 기하학적 패턴과 타이포그래피를 과감하게 사용한 그의 디자인은 북 디자인이 단순히 포장을 넘어 하나의 '작품'임을 인식하게 하는 계기가 됐다.

나는 그가 유학에서 돌아온 지 얼마 되지 않던 무렵에 처음 만났다. 이후 그와 자주 만나며 원고 청탁도 하고, 그의 포트폴리오를 기사로 다루기도 했다(그는 우리나라 대학에서 디자인 공부를 하지 않았다. 서라벌예대에서 문예창작을, 고려대에서 불문학을 전공했다. 그래서 당시 디자인계에서는 잘 알려져 있지 않은 상태였다. 디자인계의 재야인사였던 셈이다). 원고 청탁을 하자 그가 처음으로 써준 글의 제목은 '북 디자인은 모든 그래픽 디자인의 원점'이었다.

> 책은 인간의 손이 거기에 닿아 그 세계를 열기 시작하면서 물질로서의 상태를 뛰어넘기 시작한다. 구체적인 시선에 실린 인간의 시간이 책이란 물질을 정신화하며 종이 위의 잉크들은 상상과 논리, 그리고 감동의 요인이 된다. 따라서 책은 기다리는 존재이며, 만남의 대상으로 인식되어야 한다. 무표정한 물체로서의 종이와 잉크는 인간과 만남으로써, 그 이름을 부여받는 생명체로 존재하기 시작한다. (중략)
>
> 북 디자인은, 크게 말하자면 출판 디자인은 이제부터 비주얼 커뮤니케이션에 관심을 가진 모든 디자이너들의 출발점이 되어야 할 것이다. 북 디자인 혹은 출판 디자인이 모든 그래픽 디자인의 '기초적인 원점'이라는 말이 상식이 되는 날이 오기를 기대한다.

내가 번역을 맡았고, 회사의 야심작이었던 『그래픽 디자인의 역사』를 출판할 때 표지 디자인을 그에게 의뢰했는데, 그의 글을 보면 최적의 선택이 아니었나 싶다. 이후 그가 발표한 여러 편의 글들에서도 인문학적 지식이 풍부한 에세이스트로서의 면모를 엿볼 수 있었다. 정병규는 인문학적 소양을 갖춘 보기 드문 디자이너였으며, 그의 사무실엔 늘 책이 산더미를 이루고 있었다.

그가 했던 재미있는 이야기가 하나 기억난다. 자신이 프랑스로 유학을 가기 전만 해도 매우 생소했고, 획일적으로 한국 디자인계에 어필하기 시작했던 '데코마스'니 'CI'니 하는 것이 영 못마땅했는데, 정작 프랑스에 가서 편집 디자인을 공부해보니 바로 그것이 CI 개념과 같더라는 것이었다. 어떤 성격의 책이냐, 어떤 내용의 책이냐, 어떻게 만들고, 무엇을 담을 것인가 하는 것들이 모두 CI 행위와 똑같더라는 말이었다. 일찍이 밀턴 글레이저는 이런 말을 했다. CI를 비롯해 잘못된 그래픽 디자인의 효과는 잘못 설계된 건축물이나 자동차와 같이 위험한 것이라고 말이다.

1970년대에 본 광고 하나가 떠오른다. "TV를 끕시다. 책을 읽읍시다." 일본의 출판사 이와나미쇼텐岩波書店의 광고 문구다. 이 말처럼 정병규의 북 디자인은 TV를 끄고 책을 손에 들게 하는 힘이 있다.

우리나라 최초의 UI 디자인

산업 디자이너 이병현

서울대학교 정장正章. '국립 서울 대학교'의 머리글자 'ㄱ, ㅅ, ㄷ'을 따서 열쇠 모양의 도형을 고안한 다음 방패 문양과 결합해 만들었다.

이미지 제공: 서울대학교.

서울 관악산 기슭에 자리를 잡은 서울대학교 캠퍼스 교문에는 커다란 철제 구조물이 우뚝 서 있다. 바로 서울대학교의 심벌마크다. 우리나라 최초의 UI University Identity라 할 수 있는 이 마크의 기본형을 디자인한 이는 1950년 38세의 나이로 요절한 산업 디자이너 이병현이다.

1946년 서울대학교가 설립되면서 당시 예술대학 미술학부의 교수였던 이병현은 1947년경 '국립 서울 대학교'의 머리글자 'ㄱ, ㅅ, ㄷ'을 따서 열쇠 모양의 도형을 고안한 다음 방패 문양과 결합해 이 심벌마크를 디자인했다(방패 문양은 세계의 여러 대학에서 사용하고 있다). 여담이지만, 이 심벌마크를 두고 '계집, 술, 담배' 또는 '공산당'을 나타내는 것이라고들 농담하던 기억이 난다. 학문의 전당이란 의미로 '상아탑象牙塔'이라고 부르는 대학을, 가난한 시골에서 소 팔아 유학 보낸 학생들이 많다고 해서 '우골탑牛骨塔'이라고 고쳐 부르던 시절이었다.

이 심벌마크에 월계관, 횃불, 펜을 추가하고, '진리는 나의 빛'이란 뜻의 라틴어 'Veritas Lux Mea'가 적힌 책의 형상을 조합하여, 서울대학교의 휘장이나 문장紋章, 배지 등에 사용하는 정장 디자인도 그즈음 등장했는데, 그것도 이병현이 작업한 것인지는 확실하지 않다. 여기서 월계관은 명예와 영광을 상징하며, 펜과 횃불은 지식을 탐구하여 나라의 앞날을 밝히는 데 앞장서겠다는 의미다.

이병현은 일제 식민지 시대인 1931년 일본 도쿄에 유학하여 응용미술을 공부했다. 당시 일본에서 미술 공부를 했던 한국인 학생은 대부분 서양화나 동양화, 조각 등 순수미술을 전공했으며, 응용미술을 전공한 이는 매우 드물었다. 1934년 공부를 마치고 한동안 도쿄에 머물다가 귀국했지만 그에게 디자인 분야에서 활동할 기회는 좀처럼 찾아오지 않았다. 디자인(도안)에 대한 사회적 수요가 거의 없었기 때문이다. 그래서 그는 선전('조선미술전람회'의 약칭으로 '국전'의 전신)에 유화를 출품하거나 무대미술에 관여하기도 했다.

1945년 해방을 맞이해 서울로 올라온 그는 이듬해 설립된 서울대학교의 예술대학 미술학부에서 1학년 과정 중 하나인 기초도안을 가르쳤다. 당시 미술학부에는 동양화, 서양화, 조각, 도안, 이렇게 4개 학과가 있었다. 1945년 12월 한홍택 등이 중심이 되어 조선산업미술가협회가 발족, 이듬해 5월 창립전시회를 열고 매년 봄, 여름 두 차례 회원전을 열었다. 1947년 5월에는 동화 화랑(지금의 신세계백화점 화랑)에서 회원 13인의 포스터 서른세 점이 전시됐다. 이때 이병현은 〈무대전막舞臺前幕〉, 〈8.15 이후〉 등 세 점을 출품했다. 같은 해 여름에 열린 '관광포스터 테마전'에는 〈경주〉와 〈다보탑〉 포스터를 제작, 발표했다(〈다보탑〉은 유실되어 전해지지 않는다).

포스터 〈경주〉는 켄트지와 유지油紙에 해서체로 '慶州'를 크게 쓴 작품이었다. 각 자획에 찬란했던 신라 문화의 진수를 보여주는 와당, 불상, 금강역사상, 십이지신상, 연꽃문양 등을 새겨 넣은 것이 이채롭다. 포스터 좌측 상단에는 마치 그림기호와도 같은 전서체로 '慶州'를, 하단에는 불국사의 석가탑이나 다보탑의 꼭대기 부분을 묘사한 듯 보이는 그림을 앉힌 것이 특징이다. 문자를 포스터 디자인의 장식적 요소로 다루어 전체적으로 천년 고도 경주의 풍치를 잘 표현했다.

이처럼 그의 포스터 작품은 매우 이채로운데, 〈경주〉보다 앞서 작업한, 초기 조선산업미술가협회 전시회에 출품했던 것으로 추정되는 대형 회자繪字 포스터 〈코리아〉도 주목할 만하다. 이 포스터는 화면 전체에 배열된 영문자 'KOREA'의 각 자획에 화각華角(쇠뿔을 얇게 펴서 채색 그림을 그린 다음 이를 목기물 위에 붙여 장식하는 한국 특유의 공예기법 또는 그 제품) 문양에 자주 쓰이는 민화를 활용한 것이 특징이다. 두꺼운 켄트지에 포스터컬러를 사용, 진채眞彩 기법으로 표현했는데, 안타깝게도 작품의 일부가 훼손된 상태다.

해방 직후 우리나라 그래픽 디자인의 수준을 가늠할 수 있는 이병현의 포스터 작품은 한국적 소재를 주로 다룬 회화적 기법의 일러스트레이션이 주종을 이루었다. 그래서 산업 디자인이라기보다는 순수회화로서의 면모가 좀 더 두드러진다. 그때까지만 해도 디자인 작품이 실용화될 수 있는 상황은 아니었던 탓도 있다. 이병현은 1948년 7월 『국제보도』란 잡지에 '산업 부흥과 미

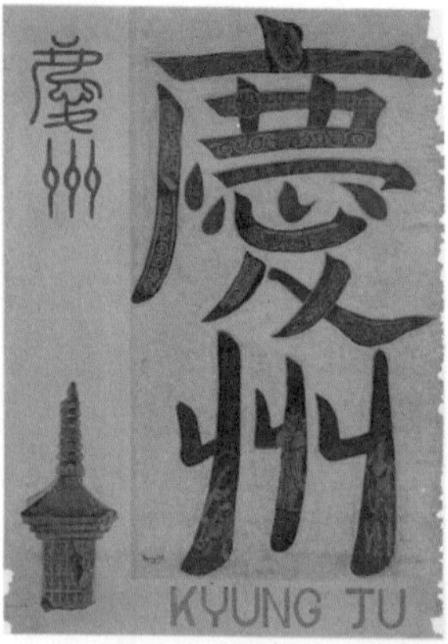

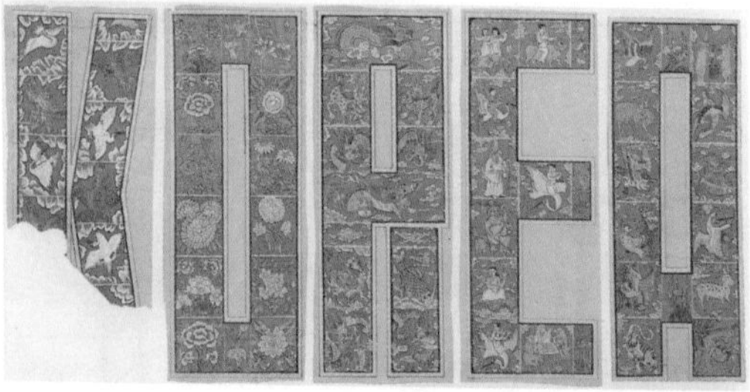

이병현의 포스터 작품, 〈경주〉와 〈코리아〉.

술'이란 제목의 글을 기고, 당시의 산업 풍토와 디자인을 이렇게 비판했다.

> 왜인이 버리고 간 상품을 위조하고 선전포장 도안까지 왜식을 무조건 모방하는 사업가와 도안가, 심지어는 왜인 가부끼歌舞技 문자까지 포스터와 상표에 등장하고 있음은 통탄할 일이다. (중략)
>
> 죽제품, 유기鍮器제품, 수예품 등 공예품이 조악하게 아무 발전 없이 구태의연하게 산출되고 있음은 위대한 전통과 유산을 계승한 후예로서 너무나 부끄러운 일이다. 결국 이 책임은 산업 미술인에게 돌아오게 된다. 산업 미술인은 응당 이 책임을 져야 하며 분발심을 일으켜야 할 것이다.

여명기의 외로운 산업 디자이너였던 이병현은 1950년 1월 3일 아침 마지막 숨을 거두었다. 지병인 폐결핵 때문이었다. 38년의 짧은 생애였다. 그가 간 지 몇 달 후 6.25전쟁이 터졌다. 안타깝게도 전란 속에 그의 작품들은 대부분 유실돼 전해지는 것이 많지 않다.

그때 그 디자인

포니, 호돌이와 함께 달리던 시절을 지나

초판 1쇄 발행 2014년 11월 25일

지은이 박수호
펴낸이 이해원
편집 백은정 주상아
디자인 민혜원
펴낸곳 두성북스
출판등록 제406-2008-47호
주소 경기도 파주시 광인사길 226
전화 031-955-1483~4
팩스 031-955-1491
홈페이지 www.doosungbooks.co.kr

인쇄·제책 상지사피앤비
종이 두성종이
표지용지 유니트 NW 233g/m²
본문용지 에코프린트 80g/m²

ISBN 978-89-94524-23-8 03600

이 도서의 국립중앙도서관 출판예정도서목록(CIP)은 서지정보유통지원시스템 홈페이지(http://seoji.nl.go.kr)와 국가자료공동목록시스템(http://www.nl.go.kr/kolisnet)에서 이용하실 수 있습니다.
(CIP제어번호: CIP2014032264)